Dirk Steffens, geboren 1967 in Stade, Niedersachsen, ist Wissenschaftsjournalist und Moderator der Dokumentationsreihe Terra X. Der wohl bekannteste Artenschützer Deutschlands ist UN-Botschafter für die Dekade biologische Vielfalt. Er vertritt außerdem als nationaler Botschafter den WWF und das Jane-Goodall-Institut. Seit über einem Vierteljahrhundert unternimmt er Expeditionen in alle Regionen der Welt, um über die Natursysteme der Erde zu berichten. Er ist überdies Mitbegründer der Biodiversity Foundation, die eine Petition zur Aufnahme des Artenschutzes ins Grundgesetz auf den Weg gebracht hat. Für seine Verdienste erhielt er die Ehrendoktorwürde der Universität Bayreuth.

Fritz Habekuß, geboren 1990 in Pritzwalk, Brandenburg, ist Redakteur der Zeit. Er berichtet weltweit von der Zerstörung der natürlichen Vielfalt und denjenigen, die dagegen kämpfen. In seinen Reportagen beschäftigt er sich grundsätzlich mit dem Verhältnis von Mensch und Natur. Für seine Arbeit wurde er unter anderem 2018 unter die Journalisten des Jahres gewählt und mit dem Holtzbrinck-Preis für Wissenschaftsjournalismus ausgezeichnet.

Über Leben in der Presse:
»Ein stringentes Plädoyer für eine Neuausrichtung unserer Spezies.«
Süddeutsche Zeitung
»Schwerer Stoff, doch leicht zu lesen, da unterhaltsam geschrieben.«
BUNDmagazin 04/2020

Besuchen Sie uns auf www.penguin-verlag.de und Facebook.

DIRK STEFFENS
FRITZ HABEKUSS

ÜBER
LEBEN

Zukunftsfrage Artensterben:
Wie wir die Ökokrise überwinden

Penguin Random House Verlagsgruppe FSC® N001967

1. Auflage 2021
Copyright © 2020 der Originalausgabe by Penguin Verlag
in der Penguin Random House Verlagsgruppe GmbH,
Neumarkter Straße 28, 81673 München
Grafiken: Anne Gerdes
Umschlaggestaltung: Büro Jorge Schmidt
Umschlagabbildungen: Markus Tedeskino, Hamburg
Umschlagillustrationen: AKG Images
Satz: Vornehm Mediengestaltung GmbH, München
Druck und Bindung: GGP Media GmbH
Printed in Germany
ISBN 978-3-328-10709-5
www.penguin-verlag.de

Inhalt

Vorwort 7

1 Wahre Liebe – Die Natur im Zeitalter der Einsamkeit 11

2 Expansion – Das Dumme-Gans-Syndrom: Immer mehr ist immer besser 34

3 Zusammen sind wir stark – Warum Artenvielfalt für uns wichtig ist 61

4 Anthropozän – Warum Arten sterben 88

5 Ein Fluss klagt an – Wie es wäre, wenn nicht nur Menschen Rechte hätten 120

6 Selbstlose Vampire – Der Kapitalismus im Zeitalter der Ökologie 144

7 Kollaps oder Revolte? – Das Ende der Welt, wie wir sie kennen 177

8 Ausnahmezustand – Die Demokratie im Zeitalter
der Ökologie 202

Dank 234

Literaturverzeichnis 236

Vorwort

Der zweite Teil dieses Buches ist uns schwergefallen. Wir mussten die Deckung verlassen, uns angreifbar machen. Beinahe hätten wir uns nicht getraut.

Im ersten Teil erklären wir, was die große Vielfalt des Lebens überhaupt ist und was sie für uns Menschen bedeutet: alles.

Die Biodiversität zu erkunden, lässt staunen, verschiebt Grenzen, öffnet Horizonte, verändert den Blick auf die Welt. Es macht das Leben reicher. Wie alles mit allem verbunden ist, wie alles sich gegenseitig bedingt, begrenzt, befördert, wie Billionen und Billiarden Organismen sich zu einem lebendigen Ganzen verbinden, das uns gebiert, ernährt, umhüllt, am Ende sich wieder einverleibt – in manchen Momenten fühlt sich Naturwissenschaft an wie Glaube. Nur konkreter.

Sie können auf der Erde nichts tun, nichts berühren, nichts betrachten, das nichts mit Biodiversität zu tun hat. Das Papier oder der Bildschirm, auf dem Sie diese Zeilen lesen, das Frühstück, das Sie heute Morgen gegessen haben, die Luft, die gerade durch Ihre Lungen strömt, und das Wasser, das Sie trinken: Nichts davon gäbe es ohne biologische Vielfalt. Ihr Verlust wäre unser Ende. Und deshalb ist das größte Artensterben seit dem Verschwinden der Dinosaurier die alles überragende Herausforderung unserer Zeit. Nicht einmal die eng damit verbundene Klimakrise bedroht uns so sehr in unserer Existenz – sie gefährdet zwar die Art, *wie* wir leben, aber nicht, *ob* wir leben.

Dies ist zum einen ein Buch über das, was draußen in der Natur passiert. Bis hierhin fühlen wir uns sicher beim Schreiben. Wissenschaftsjournalismus ist unser Beruf. Aber weil das Problem so groß und die Aufmerksamkeit dafür so klein ist, kamen wir um den zweiten Teil des Buches nicht herum. Darin stellen wir uns der Frage, wie es denn nun weitergehen soll mit uns Menschen auf dieser Erde.

Das wissen wir natürlich nicht. Niemand weiß es. Eine Zukunft kann man sich nicht ausdenken. Zukunft muss man leben, damit sie real wird. Deswegen ist dies zum anderen ein Buch, in dem wir uns einmal vorstellen wollen, was sich in Gesellschaft, Politik, Wirtschaft und vor allem in unseren Köpfen ändern muss, damit bald zehn Milliarden Menschen auf der Erde überleben können. So viel steht fest: Wir müssen uns an sie anpassen, nicht umgekehrt. Die Natur verhandelt nicht. Sie gewährt keinen Aufschub, keine Gnade, keinen Deal.

Wir beginnen mit einer Liebeserklärung an die Natur. Im zweiten Kapitel beschreiben wir die Expansionslust von *Homo sapiens* – den wahren Grund für die Krise. Im dritten Kapitel geht es darum, was Biodiversität eigentlich bedeutet und wieso sie Voraussetzung für unser Überleben ist. Dann geht es um die Gründe für die Umweltzerstörung: Was sind eigentlich die Treiber, was wissen wir, vielleicht noch wichtiger: Was wissen wir nicht?

In der zweiten Hälfte verlassen wir den festen Grund naturwissenschaftlicher Erkenntnisse und suchen nach Lösungen. Kapitel fünf fragt, ob wir der Natur Rechte verleihen sollten und wieso eine Aktiengesellschaft vor Gericht ziehen darf, ein Fluss aber nicht. Im sechsten Kapitel denken wir über Öko-Planwirtschaft und Grünen Kapitalismus nach. Im siebten Kapitel versuchen wir herauszufinden, ob es Gesetzmäßigkeiten für die Transformationen einer Gesellschaft gibt. Und so landen wir unvermeidlich bei der Politik. Wir fragen uns also, wie sich die Demokratie fit für die Zukunft machen lässt, damit sie in der Ökokrise handlungsfähig bleibt.

Ideen sind keine Erkenntnisse und erst recht keine Wahrheiten. Vielleicht sind unsere Vorschläge noch nicht einmal gut. Machen Sie bessere! Dann können wir darüber streiten und gemeinsam nach Lösungen suchen. Das wäre ein Anfang.

Es gibt unendlich viele Bücher, Artikel und Filme über ökologische Katastrophen. So viele, dass wir oft hören: alles übertrieben, alles nicht so schlimm. Das ist natürlich Unsinn. Zwar haben weder der saure Regen noch das Ozonloch zum Weltuntergang geführt – das ist aber kein Beweis für Panikmache, sondern genau das Gegenteil: Es ist nicht so schlimm gekommen wie befürchtet, *weil* gewarnt und gehandelt wurde.

Wir haben kein Weltuntergangsbuch geschrieben. Denn wenn es um die Erde geht, ist Optimismus Pflicht, allein schon wegen fehlender Alternativen. Dennoch ist auf den folgenden Seiten viel von Zerstörung die Rede. Das liegt aber nicht an uns, sondern an der Welt. Sie ist so geworden, und das müssen wir benennen. Trotzdem feiern wir in diesem Buch den

Gesang einer Amsel, das Wunder der Kieselalgen und überhaupt die Liebe zur Natur.

Wenn Sie uns bis zum letzten Kapitel folgen, dürfen Sie zwar kein Happy End erwarten. Aber Hoffnung.

Fritz Habekuß & Dirk Steffens

April 2020

1

Wahre Liebe

Die Natur im Zeitalter der Einsamkeit

> Jene, die die Schönheit der Erde betrachten, finden
> Reserven an Kraft, die so lange bestehen bleiben,
> wie das Leben andauert.
> RACHEL CARSON, BIOLOGIN

Und plötzlich fliegt da diese Amsel. Ein dicklicher Vogel, den man 1000 Mal gesehen hat – und 999 Mal übersehen. Ein Sonntagmorgen im späten Winter. Grau. Einer dieser Tage, die so wirken, als würde es nie wieder hell und warm werden. Die Bäume stehen seit Monaten ohne Blätter da. Es ist früh, die Großstadt noch fast menschenleer. Die Amsel landet auf dem Zaun neben der Treppe. Öffnet den zartgelben Schnabel und singt, melodisch und weich. Warm und klar klingt ihr Lied in diesen Morgen. Der schwarze Allerweltsvogel vertreibt die Kälte und den Nebel und die Wolken und die Dunkelheit und den ganzen langen Winter.

Wenn eine einzige Amsel so was kann: Zu was ist Natur insgesamt dann eigentlich im Stande? Was für Kräfte vermag sie zu entfalten, wenn man sich die Mühe macht hinzusehen, hinzuhören, auch: hinzufühlen? Haben wir überhaupt eine Sprache, die es uns erlaubt, über so etwas wie Freude und Glück zu sprechen, die wir in der Natur empfinden – und wenn ja, ist das eine Sprache, die ohne Kitsch und ohne Esoterik auskommt und dabei neben der wissenschaftlichen Beschreibung der Welt Platz hat?

Niemand sagt zu einer Amsel: Ich liebe dich. Aber fast jeder sagt von sich, ein Naturliebhaber zu sein. Warum sind wir dann in unserer Beziehung zur Natur so tief verunsichert, dass wir unseren eigenen Gefühlen nicht trauen?

Solche Fragen definieren das Verhältnis zwischen uns und der Natur und sind deshalb nützlich für die Diskussion um das Artensterben und den Verlust der Biodiversität. Es beginnt schon mit der Frage, warum wir überhaupt eine Grenze ziehen, wo ja in Wahrheit gar keine ist. Schließlich sind wir ein Teil der belebten Welt, wir existieren in und nicht neben ihr.

Der Denkfehler fängt bereits dort an, wo wir *Naturschutz* sagen und glauben, Natur bräuchte unseren Schutz. Tut sie nicht. Nach einem Massenaussterben wie dem Verschwinden der Dinosaurier dauert es eben ein paar Millionen Jahre, aber dann ist die Artenvielfalt wieder so groß wie vorher. Auf der geologischen Zeitskala ist das keine Ewigkeit, für einen nackten Affen mit gerade einmal 300 000 Jahren Geschichte hingegen schon. Wenn jemand Schutz braucht, dann wir. Leben gibt es auf dem Eispanzer Grönlands und zehn Kilometer tief unter dem Meer. Tiere überdauern die Hitze der

Sahara und die Stürme auf dem offenen Meer, Mikroben vermehren sich Hunderte Meter tief im Boden und werden quer über Kontinente durch die Luft getragen. Im Vergleich dazu ist die Zone, in der wir Menschen existieren können, sehr viel schmaler.

Was eine singende Amsel in uns auslöst, lässt sich nicht verallgemeinern. Manche spüren nichts. Und bei den vielen anderen, die etwas spüren, kommen eigene Assoziationen hoch, eine eigene Geschichte, eigene Gefühle.

Was ist das, die vielbeschworene Liebe zur Natur? Der Naturfilmer David Attenborough hat es sinngemäß so ausgedrückt: Wer beim Gesang einer Amsel etwas empfindet, weiß es schon. Und allen anderen kann man es nicht erklären.

Unkenntnis macht unser Leben ärmer

Noch nie war die Forschung so gut darin, präzise zu beschreiben, welche verheerenden Schäden der Mensch in der Biosphäre anrichtet. Zehntausende Fachartikel, Doktorarbeiten und andere wissenschaftliche Publikationen dokumentieren das Artensterben, die Klimakrise, die Vermüllung der Meere, das Abschmelzen der Permafrostböden und den Bestandsrückgang des Juchtenkäfers. Das ist ein Frontalangriff des Verstandes auf die gedankenlose Naturzerstörung – der bisher allerdings nicht viel gebracht hat. Die Flut naturwissenschaftlicher Erkenntnisse hat nicht genügend Korallenriffe vor dem Ausbleichen, Regenwälder vor Brandrodung oder Moore vor Trockenlegung geschützt.

Einfach nur möglichst nüchtern den Niedergang des Lebens zu beschreiben, führt offensichtlich nicht zu Verhaltensänderungen, nicht bei jedem Einzelnen von uns und noch weniger auf der Ebene von Regierungen. Das ist eine ziemlich bittere Erkenntnis für *Homo sapiens:* Dass unsere hochverehrte Rationalität nicht in der Lage ist, angemessen auf die größte Krise zu reagieren, mit der der moderne Mensch jemals konfrontiert worden ist.

Der Blick des Forschenden, den wir uns in den Jahrhunderten seit der Aufklärung antrainiert haben, zerlegt die komplexe Welt in kleinste Einheiten, bis hinunter zum Atom, bis wir entdeckten, dass man selbst das noch teilen kann. Die Welt wird handhabbar, übersichtlich, sie verliert ihren Schrecken, der ein ständiger Begleiter unserer Vorfahren war, wenn sie durch Wälder und über Savannen streiften. Dieser kleinteilige Ursache-Wirkungs-Ansatz hat uns als Menschheit weit gebracht – so weit, dass wir darüber den Kern der Dinge aus den Augen verloren haben. Denn um zu beschreiben, was einen Wald ausmacht, reicht es nicht, nur seine Bäume zu zählen. »Wissenschaftlich-technische Weltbeziehungen sind stumme Weltbeziehungen«, sagt der Soziologe Hartmut Rosa. Das mag etwas verkürzt sein, denn Wissen ermöglicht Staunen manchmal erst. Aber wer versucht, die Welt ausschließlich mit dem Verstand zu erfassen, wird nur einen Teil von ihr wahrnehmen.

Der Mensch des 21. Jahrhunderts hält einen Kiefernforst für einen Wald und einen Zierrasen für eine Wiese. Wir verbringen unsere Tage und Nächte fast ausschließlich unter Dächern, in Autos, auf geteerten Straßen, unter Kunstlicht. Und Vogelgezwitscher, den letzten Abklang von Natur in der Stadt, blenden wir mit Noise-Cancelling-Kopfhörern aus. Wir bauen uns Echokammern, in denen wir nur noch uns selbst hören, wir sind von Spiegelungen unserer eigenen Werke umgeben. Von der Natur schotten wir uns ab, suchen im Urlaub mit Sandstränden und Skipisten die konsumierbare Variante auf und reduzieren unsere Berührung im Alltag auf domestizierte Parks und Joggingstrecken. Aus dem Autofenster blicken wir auf Maisfelder. Wir wundern uns, wie gut uns der Spaziergang durch den Wald tut, anstatt uns zu fragen, wieso wir ohne ihn so unglücklich sind. Die meisten von uns sind so weit von der Natur entfernt, dass sie nicht einmal mehr bemerken, wie ihre Mitgeschöpfe verschwinden.

Vollständig ignorieren können wir die Natur aber nicht. Weil wir aus ihr hervorgegangen sind, steckt tief in uns ein intuitives Verständnis für die Welt, die uns umgibt. Für Jäger und Sammler war das Spüren von Natur überlebenswichtig, genauso wie es für Wölfe oder Schimpansen heute noch ist.

Wer einmal mit den nomadischen BaAka-Pygmäen durch den zentralafrikanischen Regenwald streift, bekommt zumindest eine vage Vorstellung davon, wie anders Natur-Menschen ihre Umwelt wahrnehmen. Ganz selbstverständlich riechen, sehen, schmecken, hören und ertasten sie, was der Wald, der sie umgibt, zu erzählen hat: Wo ein Baum reife Früchte trägt, wo sich die Bongo-Antilopen verstecken, wann die Waldelefanten vorbeigezogen sind, wo die Flachlandgorillas ihre Mittagsrast halten. Wie spät es ist. Und ob es am Nachmittag noch regnen wird. Selbst mit einem guten Übersetzer und vielen,

vielen Nachfragen ist den BaAka nicht zu entlocken, wie sie im Dickicht den Weg finden oder woher sie wissen, wo der andere Clan sich gerade aufhält. Vielleicht haben sie auch keine Worte, um ihr Naturverständnis zu erläutern. Sie analysieren den Wald nicht, sie spüren ihn, sie stehen mit ihm in Kontakt. Er ist ein Teil ihres Lebens, und sie sind ein Teil von ihm. Die Frage, woher sie wissen, dass man im völlig einförmig aussehenden Dschungel an einer bestimmten Stelle links abbiegen muss, scheint auf sie genauso naiv zu wirken wie die, warum man abends schlafen geht. Man tut es, weil man spürt, dass es Zeit dafür ist.

Irgendwo tief drinnen steckt dieses Naturverständnis noch in jedem Menschen, in unseren Instinkten und unseren Genen. Es mag verschüttet sein, unter dem Gerümpel von über zehntausend Jahren Siedlungsgeschichte. Aber verschwunden ist es nicht. Könnten wir es freilegen, ließen sich ungeheure Kräfte entfesseln, die unser Leben bereichern und uns helfen, unsere natürlichen Lebensgrundlagen zu verteidigen.

Wundermittel Natur

Wie kann es sein, dass wir eine Kultur hervorgebracht haben, die zwar ausdrücken kann, wie viel das Leben eines Wals wert ist – ungefähr fünf Millionen Dollar –, die aber nicht in der Lage ist zu beschreiben, warum beinahe jeder, der im Meer einen Wal sieht, davon auf eine tiefe, urtümliche Weise berührt wird?

So eine Empfindung ist alles andere als wertlos. Dass wir die Fähigkeit haben, uns von solch einem Anblick berühren zu lassen, ist ein Zeichen dafür, dass solche Reaktionen auf Natur angeboren sind. Evolutionär ist das lange ein riesiger Vorteil gewesen. Wer wie die BaAka in der Lage war, zu anderem Leben und zu Naturprozessen eine Verbindung einzugehen, hatte bessere Überlebens- und Fortpflanzungschancen. Und selbst wer nicht im zentralafrikanischen Dschungel lebt, sondern im Europa des 21. Jahrhunderts, hat eher die Möglichkeit, Sinn und Erfüllung in seinem Leben zu finden – und nicht nur das: Natur hilft der Seele und dem Körper, sie steigert unsere Konzentrationsfähigkeit und unterstützt unser Immunsystem. Ein Wald oder eine Wiese kann Lebensjahre schenken.

Noch ist die Forschung auf diesem Feld recht jung, aber die Ergebnisse, die sich abzeichnen, lassen staunen. Eine Studie, die den seelischen Zustand von einer Million Dänen auswertete, zeigte: Wer als junger Mensch umgeben von Parks, Wiesen oder Wäldern aufwuchs, hatte als Erwachsener eine bis zu 55 Prozent geringere Gefahr, psychisch zu erkranken. Eine amerikanische Studie wies nach, dass Probanden eine deutlich niedrigere Konzentration des Stresshormons Cortisol im Blut hatten, wenn sie täglich zwanzig bis dreißig Minuten im Grünen waren. Und bei fast 20 000 repräsentativ ausgewählten Briten gab es einen deutlichen Zusammenhang zwischen Wohlbefinden und einem Aufenthalt in der freien Natur: Bei zwei bis zweieinhalb Stunden pro Woche ging es den Befragten am besten. Japanische Wissenschaftler wollen sogar eine erhöhte Konzentration von Immunzellen im Blut gemessen haben, wenn (die nur recht wenigen) Versuchspersonen eine Nacht lang Luft einatmeten, in der von Pflanzen produzierte Terpene zerstäubt wurden. Bereits in den 1980er-Jahren erschien eine berühmte

Studie, die Patientendaten aus einem Krankenhaus in Pennsylvania verglich: Wer aus seinem Zimmer ins Grüne schaute, wurde früher entlassen und brauchte weniger Schmerzmedikamente. Eine Studie aus Schweden untermauerte später die Ergebnisse. Andere Untersuchungen zeigen, dass Menschen bei einem Spaziergang in der Natur weniger negative Gedanken haben, als wenn sie durch die Stadt gehen. Dass männliche Insassen von Gefängnissen seltener rückfällig werden, wenn sie während ihrer Strafe auf Felder und Bäume blicken anstatt auf einen betonierten Innenhof. Dass Menschen, die in der Nähe von Grün leben, weniger einsam sind und seltener an Diabetes, chronischen Schmerzen und Migräne erkranken.

Naturerlebnisse wirken auf uns wie Medizin, das gilt besonders für Kinder. Es gibt eine ganze Reihe von wissenschaftlichen Evidenzen, dass sie kreativer, gesünder und selbstbewusster sind, besser lernen und später erfolgreicher sind, wenn sie regelmäßig in der Natur spielen und Kontakt zu Tieren haben.

Wenn Natur für uns Menschen so entscheidend ist als Quelle unserer Gesundheit und unseres Wohlbefindens, dann liegt in der Freude und dem Staunen, das wir im Angesicht ihrer Schönheit und ihres Wunders empfinden, eine Chance für ihren Schutz und damit für die Verteidigung unserer Lebensgrundlagen.

Bislang argumentieren selbst Wissenschaftlerinnen oder Umweltschützer, die eine sehr enge Bindung zur Natur haben, öffentlich vor allem mit dem geldwerten Nutzen, den der Schutz von Umwelt hat. Das Konzept der Ökosystemleistungen ist der Versuch, Natur mit den Mitteln der Ökonomie zu erfassen. Sie wird in Wert gesetzt, mit einem Preisschild versehen, damit sie für Politiker, Politikerinnen und die Mächtigen in den Chefetagen der Unternehmen messbar und damit überhaupt interessant wird. Seitdem wissen wir: Die Natur schenkt uns Jahr für Jahr Leistungen, die das Bruttosozialprodukt aller Volkswirtschaften um die Hälfte übersteigen. Doch was folgt daraus?

Das Lied einer Amsel ist unbezahlbar

Selbst wenn es gelingt zu errechnen, welche Bestäubungsleistung ein Bienenvolk im Laufe seines Lebens erbringt – welchen Preis hat dann die Amsel, die an einem Wintermorgen ein Lied vom Frühling singt? Nicht alles, was kreucht und fleucht, kann ökonomisch bewertet werden. Aber ist es dann wertlos?

Der Gesang der Vögel wird von einem kunstvoll gebauten Stimmapparat erzeugt, Syrinx genannt. Direkt über dem Herzen liegt der Kehlkopf, der nicht größer als eine Linse ist. Er besteht aus einem Dutzend Knochenringen und zwei Dutzend Muskeln, die durch Membranen mit den Stimmlippen verbunden sind. Bis zu zweihundert Mal pro Sekunde können sie sich zusammenziehen, kaum eine andere Bewegung im Tierreich ist so schnell. Der Gesang ist stimmliche Präzisionsarbeit im Millisekundenbereich. Beim Ausströmen der Luft werden die Stimmlippen in Schwingung versetzt und »der Luft wird Gesang verliehen«, wie der Biologe und Schriftsteller David Haskell schreibt. »Vögel sind schnellfingrige Goldschmiede der Luft, die jede Sekunde Dutzende ornamentaler Edelsteine herstellen. In ihren Modulationen von Tonhöhe, Amplitude und Klangfarbe hören wir die Vitalität ihres Blutes, ihrer Muskeln und Nerven.« Zu wissen, was im Inneren eines Vogels passiert, nimmt dem Hörerlebnis nichts von seiner Schönheit – im Gegenteil, es wird dadurch sogar intensiver. Die wissenschaftliche Analyse entzaubert das Wunder nicht, sondern fügt ihm eine neue Dimension hinzu: Je mehr wir verstehen, desto mehr offenbart sich uns.

Was also ist der Preis einer singenden Amsel? Diese Frage ist erkennbar unsinnig. Eine Bratpfanne oder ein Auto lässt sich ersetzen. Gehen solche Dinge kaputt, kauft man sich neue. Nicht aber eine Amsel. Lebendiges hat keinen Preis, sondern einen Wert. Eine Amsel ist ein Individuum, dessen einzigartige Existenz sich nicht in Euro ausdrücken lässt. Sollte sie dann nicht auch ein unveräußerliches Recht haben, als Individuum zu existieren? Sollte ein Fluss dagegen klagen können, wenn er vergiftet wird? Weltweit gibt es eine wachsende Bewegung, die genau das fordert: der Natur Rechte zu verleihen.

Ökosystemleistungen und Rechte für die Natur sind zwei Ansätze, die auf unterschiedliche Art versuchen, Umwelt zu schützen. Beide werden später noch genauer beschrieben. Aber hier, in diesem Kapitel, soll es um eine Verteidigung unserer Umwelt gehen, die auf Emotionen basiert. Auf dem Staunen über die Schönheit eines Schmetterlings. Auf dem friedlichen Wohlbefinden, das sich beim Spazieren durch einen sommerlichen Buchenwald einstellt. Auf der Freude über das Comeback des Frühlings nach Monaten des Winters. Auf der Verbundenheit zu der Landschaft der Kindheit.

Gefühle sind zwar real, aber sie sind nicht objektivierbar. Disqualifizieren sie sich deshalb für eine Diskussion? Kann, wer von Emotionen spricht, nur esoterisch, gefühlig werden?

Genau das ist die Position vieler Wissenschaftlerinnen und Wissenschaftler, die davor warnen, Daten und Gefühle miteinander zu vermengen, und das aus guten Gründen. Doch die Dominanz der technisch-rationalen Weltsicht bringt viele Probleme mit sich.

Die Suche nach Erfüllung

Der Soziologe Hartmut Rosa beschäftigt sich mit der Frage, was es für ein erfülltes Leben braucht. Diese Frage, so Rosa, sei konsequent in die Sphäre des Privaten verdrängt worden. Im gesellschaftlichen Diskurs sei sie beinahe völlig tabuisiert und damit entpolitisiert worden. Die Suche danach, was glücklich macht, konzentriert sich folglich vor allem auf das Streben nach mehr Wohlstand. Zwischen einem gelingenden Leben und Geld existiert zwar wirklich ein Zusammenhang, aber die Glücks- und die Wohlstandskurve trennen sich bereits auf recht niedrigem Niveau. Jenseits dieser Marke bedeutet mehr Geld eben nicht mehr Glück. Denn dann müsste ja jeder, der einen Job, eine Wohnung, genug zu essen und obendrein noch Mittel für Auto und Urlaub hat, immer völlig glücklich sein.

Rosas These ist, dass es im Leben darum geht, wie wir die Welt erfahren und wie wir zu ihr Stellung nehmen. Er hat dafür das Konzept der Resonanz entwickelt. Sie ist kein Gefühl, sondern beschreibt, wie wir Beziehungen zur Welt wahrnehmen.

In Erfahrungen der Resonanz können wir Gefühl und Verstand verbinden.

Es gibt keinen besseren Ort als die Natur, um das zu erleben. Sie erscheint uns als lebendiges Gegenüber, das in der Lage ist, etwas in uns zum Schwingen zu bringen, egal ob wir eine Herde Elefanten durch die Savanne ziehen sehen oder die Gewalt eines Herbststurms spüren. Sie ist beileibe nicht immer angenehm, sondern kann widerspenstig, störrisch, unverfügbar sein – in jedem Fall aber antwortet sie uns. Das unterscheidet sie von einem Shoppingcenter, das manchen Menschen zwar auch Freude bereitet, aber niemals Lebendigkeit ausstrahlen kann. Dabei sei der Wunsch nach einer Verbindung zur Natur längst ebenfalls kommerzialisiert, schreibt Rosa, Outdoorkleidung und Naturheilverfahren seien Beispiele dafür.

Doch das ist eben das Besondere an der Natur. Eine Amsel zeigt sich nicht auf Kommando, ein Strauch im Garten wächst, wie er will. Man kann Natur nicht konsumieren. Für eine echte, resonante Erfahrung müssen wir uns wirklich auf ihre Spielregeln einlassen und hören, was sie uns zu sagen hat. Genau das aber passiert selten.

Dabei ist es nicht schwer. Man muss nur einmal hinausgehen, an einen Ort, wo nicht Beton und Glas und Stahl regieren. Das Handy ausschalten, losgehen und dann: nichts. Nichts erwarten, nichts verändern wollen, nichts mitnehmen, nichts tun. Positiv neugierig sein, darauf achten, welche Gerüche der Wind heranträgt, wie sich das Licht schon im Laufe einer Viertelstunde verändert, welche Farben wir wahrnehmen, wo sich uns Tiere zeigen, welche Blätterformen die Natur hervorgebracht hat. Zuhören, nicht nur dem Außen, sondern auch dem Innen. Spüren, welche Signale der Körper sendet, den Gedanken folgen und sie wieder ziehen lassen. Mit ein wenig Geduld wird es gelingen, in einen Zustand von Kontemplation zu versinken, in dem man nicht über gestern nachdenkt und für morgen plant, sondern nur im Moment ist – dem einzigen Ort, an dem sich Glück empfinden lässt.

Wir streiten um den Mindestabstand von Windrädern zu Greifvogelhorsten, um die Breite von Blührandstreifen auf Getreideäckern oder um Grenzwerte für Nitrat im Grundwasser – aber reden nicht darüber, was uns Natur eigentlich bedeutet. Warum es uns schmerzt, wenn die drei alten Linden an der Dorfstraße gefällt werden, oder wieso das Trompeten der Kraniche im Frühling uns glücklich macht.

Das ist ein Skandal. Eine grandiose Fehlleistung sowohl von Umweltschützern als auch der Politik. Selbst in Debatten, in denen es eigentlich um die Schonung der Natur gehen sollte und damit um ihren Wert, nehmen Argumente um die vermeintliche Nützlichkeit den größten Raum ein. Niemand traut sich, die Ebene von Geld und Nutzen zu verlassen. Selbst wer eine enge Bindung zur Natur hat, spricht nicht in der Sprache der Liebe, sondern benutzt das Vokabular der Ökonomie. Um die Renaturierung eines Flusses zu rechtfertigen, wird betont, wie viele Überflutungsschäden sich dadurch verhindern ließen und wie förderlich die grüne Kulisse für den Tourismus sei. Das eine spart und das andere bringt Geld. Beides richtig. Aber eben nur ein Teil der Geschichte.

Der letzte Walfänger

»Und Gott segnete sie und sprach zu ihnen: Seid fruchtbar und mehret euch und füllet die Erde und machet sie euch untertan und herrschet über die Fische im Meer und über die Vögel unter dem Himmel und über alles Getier, das auf Erden kriecht«, heißt es in der Bibel. Diesen Auftrag haben wir ausgeführt. Mission accomplished. Der Mensch begreift sich als Nutzer und Verwalter der Natur, dem alles jederzeit nach Belieben zur Verfügung steht.

Wohin diese Logik führt, lässt sich auf einer kalten und felsigen Insel am Rand Europas beobachten. Island ist das letzte Land der Welt, das die kommerzielle Jagd auf Finnwale erlaubt.

Die zentrale Figur im isländischen Walfang ist Kristjan Loftsson, ein Mann in seinen Siebzigern, mit tiefen Falten im Gesicht, der beim Lachen klingt wie eine Krähe. Er ist mit Fischfang reich geworden, schon als Jugendlicher harpunierte er auf den Schiffen seines Vaters Wale. Loftsson wird von Tier- und Artenschützern gehasst. Sie nennen ihn Captain Ahab. Aber er ist kein Besessener, der Moby Dicks Verwandtschaft auslöschen will. »Ein Wal ist für mich nichts anderes als eine Makrele«, sagt er. Loftsson ist einfach nur ein Geschäftsmann. Für ihn gibt es zwischen Fisch- und Walfang keinen prinzipiellen Unterschied. Beides nutzt schwimmende Nahrungsressourcen, die man grundsätzlich ausbeuten kann.

Um einen großen Meeressäuger zu erlegen, schrauben die Walfänger einen Sprengkörper auf die Harpune, der im Körper des Wals explodiert. Der Todeskampf dauert bis zu 45 Minuten. Danach pumpen Loftssons Männer mit einem Gefrierkompressor zwei Grad kaltes Wasser in die Adern ihrer Beute, damit der Körper noch frisch ist, wenn er an Land zerlegt wird. In Island wird nur wenig Walfleisch gegessen, das meiste exportiert Loftsson nach Japan – obwohl es auch dort kaum noch nachgefragt wird. Eigentlich ist der Walfang völlig sinnlos.

Kristjan Loftsson rechtfertigt ihn trotzdem. Er sagt, die Jagd gefährde die Population nicht (was stimmt), und die Isländer hätten schon immer von den Ressourcen des Meeres gelebt (was auch stimmt). Loftsson hat ebenfalls recht, wenn er betont, dass Schweine ähnlich empfindsam und intelligent seien wie Wale. Und von ihnen tötet allein Deutschland 26 Millionen im Jahr, die noch dazu unter unwürdigen Bedingungen ein kurzes Leben in der Turbomast führen. Walfleisch hat, wie Loftsson betont, sehr viel Eisen, weshalb er es gefriertrocknen und zu Pulver verarbeiten will. Wieso sollte man also keinen Wal harpunieren?

Allein diese Frage ist eine Provokation. Dabei bejagen wir doch viele Tierarten, die wir für unsere Ernährung nicht zwingend brauchen. Rentiere, Wachteln, Krokodile. Kaum jemand regt sich darüber auf. Aber für die meisten Menschen sind Wale eben nicht nur große Makrelen. Sie sind etwas Besonderes. Sie faszinieren uns zutiefst.

Wale sind uns einerseits frappierend ähnlich – sie sind intelligent, kommunikativ, kooperativ und sozial. Gleichzeitig leben sie in einer Welt, die mit der unseren nichts zu tun hat: Wir werden uns niemals vorstellen können, was ein Cuvier-Schnabelwal fühlt, der in ewiger Dunkelheit mit Echolot nach Kalmaren jagt, während der 300-fache Druck der Atmosphäre auf seinem Körper lastet. Was ein Narwal denkt, der mit seinem Stoßzahn das Wasser fühlen kann. Was einer Buckelwalkuh durch den Kopf geht, wenn sie dem Gesang eines Artgenossen lauscht.

Grauwale durchschwimmen ganze Ozeane in einem Jahr, Pottwale schlafen mit einer wachen Gehirnhälfte vertikal im Wasser. Die Giganten sind zugleich mysteriös und vertraut. In einer Welt, der wir nach und nach jedes Rätsel austreiben, bleiben sie geheimnisvoll. Sie sind Boten einer fremden Dimension, die direkt neben unserer existiert und die uns immer verschlossen bleiben wird. Wale sind wunderbare Wesen.

Dennoch verfolgte der Mensch kaum ein anderes Tier so grausam. Wahrscheinlich jagten Menschen schon zu Zeiten der Römer Wale. Im 18. Jahrhundert waren fast alle wichtigen Jagdgründe entdeckt, und Anfang des 20. Jahrhunderts entwickelte sich der Walfang dank Dampfschiffen und der Erfindung der Sprengharpune zu einer tödlichen Industrie, einem grauenvollen Gemetzel. Riesige Flotten grasten die Weltmeere ab und verarbeiteten die Wale direkt auf hoher See. War eine Art beinahe ausgerottet, nahmen sich die Jäger die nächste vor. Bis heute haben sich die meisten Populationen davon nicht erholt. Von einigen, wie dem Atlantischen Nordkaper, gibt es nur noch wenige hundert Tiere. Dabei wurde schon 1982 die kommerzielle Jagd verboten.

Die internationale Staatengemeinschaft zog im letzten Moment die Notbremse, um eine aus dem Ruder gelaufene Industrie zu stoppen. Aber das Moratorium war auch ein seltener Akt der Empathie mit Tieren. Nicht viele Arten haben so viel Glück. Wir geizen mit Mitgefühl. Außer Hund, Katze,

Pferd gefallen uns noch Posterspezies wie Löwe, Tiger, Nashorn, im Meer die Wale, Delfine, Robben. Insgesamt käme man vielleicht auf hundert Arten unter Millionen, denen wir Mitgefühl schenken. Der Rest: verzichtbar, es sei denn, er bringt Geld.

Loftsson als Frage verpackte Provokation ist deshalb so schwer zu beantworten, weil er genau in dieser Verwertungslogik argumentiert. Gut ist, was Geld bringt. Man könnte aber die Argumentationslast umdrehen: anstatt Argumente für das Nicht-Töten sammeln zu müssen, fragen, mit welcher Rechtfertigung wir überhaupt solche Wesen harpunieren. Weder brauchen wir ihr Fleisch, noch kennen wir ihr Leid. Ihre Geheimnisse sind uns fremd. Wer fragt: »Warum sie nicht jagen?«, hat nicht verstanden, dass die Zeiten, in denen wir zum Überleben töten mussten, vorbei sind. Dass es überfällig ist, die menschliche Hybris zu zügeln.

Loftsson jagte zuletzt keine Finnwale mehr. Seine Ansichten hatten sich nicht geändert. Aber die der meisten anderen Menschen: Niemand wollte das Fleisch mehr kaufen.

Wir verschwinden in Einsamkeit

Homo sapiens, der Affe, der Gedichte schreibt und sich selbst im Spiegel erkennt, hat in seiner grenzenlosen Arroganz das größte Artensterben seit dem Ende der Dinosaurier in Gang gesetzt. Der Biologe E. O. Wilson hat die Gegenwart schon zum »Eremozän« ernannt – dem Zeitalter der Einsamkeit. Tatsächlich begeben wir uns in eine doppelte Einsamkeit, indem wir massenhaft nichtmenschliches Leben ausrotten und uns gleichzeitig von den verbleibenden Arten immer weiter entfremden.

Eine Studie hat vor ein paar Jahren gezeigt, dass Kinder heute eher das Pokémon Pikachu benennen können als einen Dachs. Britische und amerikanische Kinder halten sich nur noch halb so lange unter freiem Himmel auf wie einst ihre Eltern. In Korea sind 79 Prozent aller Kinder kurzsichtig und brauchen eine Brille, weil sie zu viel Zeit vor Bildschirmen verbringen – ohne ausreichend Sonnenlicht wächst der Augapfel weiter und wird zu lang. Doch Unkenntnis und Ignoranz befeuern die Entfremdung von der Natur, fördern ihre Zerstörung und machen unser Leben ärmer. Und mit dem fehlenden Wissen über Natur kommt uns das Mitgefühl abhanden. Anders als über die Zerstörung, die es in Form von Bildern brennender Wälder ins Bewusstsein schafft, wird über die zunehmende Fremdheit kaum geredet.

Es bringt natürlich nichts, einen Verlust sentimental zu beklagen. Wir leben in einer Welt, deren einzige Konstante die Veränderung ist. Die meisten Menschen leben nicht mehr so wie die BaAka im afrikanischen Regenwald, sondern in Metropolen. Das Leben ist vergleichsweise sicher und komfortabel. Die durchschnittliche Lebenserwartung einer deutschen Frau liegt bei 83,3 Jahren. Sie kennt keinen Hunger und kann sich ihr Brot, ihre Schuhe, ihre Vitamintabletten online bestellen. BaAka werden halb so alt, hungern regelmäßig und laufen barfuß.

Wir leben objektiv in der besten aller Zeiten: Noch nie litten so wenige Menschen Hunger, hatten so viele von uns Zugang zu Schulen und Wasser und Medikamenten, wurden wir so alt wie heute. Unser Alltag ist so komfortabel, dass er uns krank macht. Wir sind die Nachfahren von Nomaden, verbringen unsere Zeit aber fast ausschließlich sitzend, in geschlossenen Räumen, sowie auf asphaltierten Wegen. Weder unser Körper noch unser Geist ist dafür gemacht.

Die Folgen: Zivilisationskrankheiten. In Deutschland ist mehr als die Hälfte der Bevölkerung übergewichtig oder fettleibig, fast jede und jeder Dritte im Land hat Depressionen oder andere psychische Störungen. Die Kinder einer Art, die früher Wildtiere zu Tode hetzte, können heute oft keinen Purzelbaum mehr schlagen und keine drei Schritte rückwärtsgehen. Sie leiden unter Diabetes, Allergien und allerlei Unverträglichkeiten. Dabei sind wir doch immer noch wilde Tiere!

Mindestens 300 000 Jahre Entwicklungsgeschichte schleppt *Homo sapiens* mit sich herum, die Brokerin in der Wall Street genauso wie der Kartoffelbauer in den Anden. Bei allen Unterschieden, die man zwischen Menschen und Gruppen finden mag, sind wir einander im Grunde doch sehr ähnlich.

Im Jahr 2008 lebten weltweit erstmals mehr Menschen in der Stadt als auf dem Land. Städte können effizienter und ressourcenschonender sein, grundsätzlich sind sie keine schlechte Idee – aber sie bringen allzu oft »müde, nervöse, überzivilisierte Menschen« hervor, wie der amerikanische Naturschriftsteller John Muir vor über hundert Jahren festgestellt hat.

Das ist nicht verwunderlich. Evolutionshistorisch betrachtet sind wir vom Wald fast direkt ins Büro marschiert. Computer bedienen wir erst seit einer Generation.

Erst seit zwei Generationen sitzen wir mit künstlichem Licht am Schreibtisch.

Davor arbeiteten wir fünf Generationen lang in Fabriken und an Fließbändern.

Aber 500 Generationen lang bestellten wir Felder und züchteten Tiere.

Und mindestens 50 000 Generationen lang lebten wir in kleinen Familienverbänden in der Natur, ständig unterwegs auf der Suche nach Schutz und Beute. Die allermeiste Zeit in der Geschichte unserer Spezies waren wir Jäger und Sammler. Eine intelligente Art afrikanischer Primaten. In und mit der Natur haben sich unser Körper und unser Geist entwickelt. Diese uralte Nomadenkultur ist die wirkliche Wiege der Menschheit. Dort sind die Gefühle entstanden, die wir noch heute empfinden und nicht loswerden können.

Unser Erbe sitzt tief

In den 1960er-Jahren formulierte der Sozialpsychologe Erich Fromm die Idee der Biophilie als eine »leidenschaftliche Liebe zum Leben und allem Lebendigen«. E. O. Wilson erweiterte den Begriff und sprach von der »angeborenen emotionalen Bindung von Menschen zu anderen lebenden Organismen«.

Wir fühlen uns am lebendigsten, wenn wir all unsere Sinne nutzen und mit unserer Umwelt in Verbindung treten. Wenn wir in der Natur sind, verändern sich unsere Gehirnströme, weniger Stresshormone werden ausgeschüttet, unser Herz schlägt langsamer.

Die Biophilie-Hypothese geht davon aus, dass unsere Reaktion auf Natur angeboren ist. In unserer wilden Vergangenheit war es ein Überlebensvorteil, der Natur auch emotional verbunden zu sein. Wer die Natur intuitiv spüren konnte, so wie es die letzten BaAka noch vermögen, fand sich in ihr besser zurecht als seine Artgenossen: Er überlebte eher und konnte mehr Nachwuchs großziehen. Naturliebe wanderte in unser Genom. Biophilie, so argumentiert E. O. Wilson, sei die eigennützige Grundlage für die Pflege und den Schutz von Natur und der Vielfalt des Lebens.

Dieses Erbe sitzt tief. Bis heute haben wir mehr Angst vor einer Spinne als vor einem tonnenschweren SUV, der an einer Ampel an uns vorbeirast. Gut möglich, dass wir uns wegen der Biophilie freuen, wenn unsere Katze schnurrt und der Hund bei unserem Anblick mit dem Schwanz wedelt. Dass viele Menschen deshalb so viel Arbeit in ihren Garten stecken und sich an duftenden Blumen erfreuen. Dabei treiben die Pflanzen ihre Blüten ja gar nicht für uns aus. Das Blühen ist ein Werben, mindestens 300 Millionen Jahre alt. Es soll nicht uns gefallen, sondern Schwebfliegen, Schmetterlingen, Käfern. »Wie viele Farben sich seither entwickelt haben. So offensichtlich, dass es kaum jemals einer sagt: Sie haben sich nicht für uns entwickelt«, schreibt Michael McCarthy in seinem wunderbaren Buch *The Moth Snowstorm*.

Während wir die Natur zerstören, boomt gleichzeitig der Markt, der ihre Schönheit feiert. Bücher über Bäume haben das Zeug, Weltbestseller zu werden. Outdoor-Zeitschriften, Reiseblogs und High-End-Film-Dokumentationen feiern in orgiastischen Bildern die Wildnis, wo es sie noch gibt. Diese

Produkte sollen den Graben der Entfremdung überbrücken, der sich zwischen uns und der Natur aufgetan hat. Während ihre Zerstörung sich immer weiter beschleunigt, wird unsere abstrakte Liebe zu ihr paradoxerweise immer größer. Vielleicht auch, weil die Biologie in den vergangenen Jahrzehnten Erkenntnisse gesammelt hat, die noch vor kurzem völlig unvorstellbar waren. Sie enthüllt, dass Umwelteinflüsse doch das Erbgut verändern können. Entdeckt, dass Bäume miteinander kommunizieren. Wir erfahren, dass Erdhummeln verärgert oder erfreut sein können. Wir lernen, dass alles Lebende fühlt und kommuniziert – genau wie wir, nur anders. Und das fasziniert uns.

Es sind nicht mehr nur Esoteriker, es ist die Wissenschaft selbst, die sagt: Wir sind umgeben von Existenzen, die eine Innenwelt haben, die denken, die fühlen. Wir sind nicht allein auf der Erde. Eigentlich ein tröstlicher Gedanke, ein uralter dazu. Für die meisten frühen Zivilisationen gab es keine Trennung zwischen Menschen- und Tierwelt. Maya-Schamanen und ägyptische Hohepriester konnten zwischen den Welten wandeln, für Griechen und Römer wohnten Nymphen in Bäumen. Als in Europa die industrielle Revolution ihren Siegeszug antrat, durchwanderten die Dichterinnen und Dichter der Romantik Wälder und Wiesen und gossen die Schönheit der Natur in Verse. Ludwig van Beethoven widmete der Schönheit der Landschaft vor Wien eine ganze Symphonie und umarmte regelmäßig den Lindenbaum im Hinterhof seines Hauses. Wir hingegen können eine Linde heute kaum noch von einer Buche unterscheiden.

Als Tocotronic sangen: »Pure Vernunft darf niemals siegen«, da hatten sie recht. Denn trotz unseres Wissens, trotz aller wissenschaftlichen Erkenntnisse sind drei Viertel aller Treibhausgase erst in den vergangenen drei Dekaden ausgestoßen worden. Es wird nicht weniger Regenwald vernichtet, sondern mehr. Die beste Verteidigung der Natur ist womöglich nicht die Berechnung ihres Preises, sondern das Staunen über sie. Wir müssen die Vernunft nutzen und überdies die Kraft der Gefühle aktivieren: Sie erstmal spüren, auch wenn sie widersprüchlich sind, Worte oder Bilder finden, darüber sprechen, ihnen folgen – selbst und gerade dann, wenn sie dem rationalistischen Impuls widersprechen.

Diese Fähigkeiten unterscheiden uns von allen Arten auf der Erde, sie machen uns zu Menschen. Wir stehen nicht über anderen Tieren und Pflanzen, wir sind mit ihnen verbunden. Diese Verbindung zu erkennen, zu verstehen und zu übersetzen ist der Schlüssel zur Verteidigung von Natur.

Vielleicht kann man sie zusammenfassen in einem Wort. Nennen wir es doch: Liebe.

2

Expansion

Das Dumme-Gans-Syndrom: Immer mehr ist immer besser

> I take what's mine, then take some more.
> A$AP ROCKY FEAT. SKEPTA, RAPPER

Der artenreichste Ort der Erde ist ein Keller in Südengland. Fensterlos. Kalt. Hinter der gepanzerten Stahltür, im weißen Neonlicht, atmen Kryotechniker in weißen Schutzanzügen weiße Wölkchen aus und sehen schwarz: Meteoriteneinschläge, Atomkriege, Hungersnöte, Klimakrisen, Seuchen. Irgendwas ist ja immer. Oder könnte zumindest sein. Und genau für so einen Fall ist dieser Bunker in den Boden von West Sussex gegraben worden. Nach dem Weltuntergang soll zwischen seinen atombombensicheren Betonwänden die nächste Zivilisation keimen. Vorausgesetzt natürlich, es sind noch genügend *Homo sapiens* für einen Neuanfang übrig. Falls ja, finden sie in diesem gekühlten Tresor den Schlüssel für die Zukunft: Artenvielfalt.

In dem Bio-Bunker lagern Samen. Milliarden Samen, von

mehr als 40 000 Arten, also von ungefähr einem Siebtel aller wilden Samenpflanzen auf der Erde. Und es werden mehr: Aus dem Dschungel Borneos und den Oasen des Oman, aus der grönländischen Taiga und den Steppen der Mongolei werden Samen nach Wakehurst in West Sussex geschickt, dort gereinigt und eingefroren. Bis zu 200 Jahre lang bleiben sie frisch. Der Öko-Speicher in England ist nicht der Einzige. Verteilt über den ganzen Globus, von Spitzbergen bis nach Syrien, gibt es mehr als 1500 Samenbanken. Und weltweit werden nicht nur Pflanzen gesammelt: Um die biologische Vielfalt zu erhalten, gibt es Gen-Archive, Lager für tierisches Gewebe und Projekte wie die Eis-Arche, in der sowohl die DNA als auch lebensfähige Zellen bedrohter Tierarten konserviert werden.

Das Ausmaß der internationalen Bemühungen, die Vielfalt der Erde katastrophenfest zu bunkern, ist furchteinflößend. Als rechnete die Wissenschaft ganz fest mit dem unmittelbar bevorstehenden Weltuntergang. Es existiert nicht nur eine Arche, sondern eine ganze Flotte, und die Millennium Seed Bank in Wakehurst ist das Flaggschiff, die größte Samenbank von allen. Und womöglich auch die wichtigste. Denn hier werden Wildarten konserviert, also jene Spezies, aus denen sich Kulturpflanzen von Grund auf neu züchten lassen. Das könnte notwendig werden, wenn Mais, Weizen, Reis, Kartoffeln und die anderen Nutzpflanzen, von denen sich die Menschheit heute ernährt, in Zukunft weniger Ertrag abwerfen oder sogar ganz eingehen sollten. Zum Beispiel aufgrund der Klimakrise. Mehr als 350 wilde Getreidearten halten sie in West Sussex allein dafür vor. In der Hoffnung, daraus resiliente Sorten züchten zu können, die uns auch auf einer aufgeheizten Erde noch unser täglich Brot geben.

Der Mensch nutzt ungefähr 30 000 verschiedene Pflanzen als Rohstofflieferanten und Nahrungsquellen, 6000 hat er seit der Sesshaftwerdung kultiviert. Aber die meisten davon sind genau wie viele Wildarten vom Aussterben bedroht. Wer kennt noch die Herkuleskeule, den Braunspelzigen Arnautka oder die Ostpreußische Peluschke, eine alte Kürbis-, eine Weizen- und eine Erbsensorte? Die moderne Landwirtschaft normt und vereinfacht alles, deshalb hängen inzwischen zwei Drittel der Welternährung von nur neun Pflanzenarten ab. Eine genetische Verengung, die brandgefährlich ist. Wenn die Klimakrise die Hitzetoleranz einer Art überfordert oder ein neuer Krankheitserreger auftaucht, könnte das Hungerkatastrophen auslösen. Der beste Schutz davor ist: Vielfalt.

Die Samenbank in Sussex wird von den Royal Botanic Gardens in Kew betreut. Schon im 17. Jahrhundert wurden im heutigen Londoner Stadtteil Kew botanische Gärten angelegt. Kew-Forscher segelten mit James Cook um die Welt, und im Kew-Labor wurden die Pflanzenreste untersucht, die Howard Carter im Grab von Tutanchamun fand. Mit Botanik kennt man sich hier aus. Aktuell ist mehr als ein Fünftel aller Pflanzen auf der Erde vom Aussterben bedroht. Das Institut in Kew will jede einzelne für die Nachwelt erhalten.

In den Kühlräumen haben die Expertinnen und Experten die Pflanzenvielfalt Großbritanniens bereits vollständig gesichert, nun frieren sie nach und nach die Botanik der ganzen Welt ein. In Kew blickt man der Katastrophe sehr britisch entgegen. *Keep calm and carry on.*

Wer sich die weitläufige Anlage in Wakehurst genauer anschaut, schöpft ein wenig Hoffnung: Vielleicht ist die Menschheit doch nicht so doof wie befürchtet? Schließlich beweist die Millennium Seed Bank, dass wir angesichts globaler Gefahren durchaus zu internationaler Zusammenarbeit und vorausschauendem Handeln in der Lage sind. Ein Dreisprung in die Zukunft: Die Wissenschaft erkennt die Bedeutung der Artenvielfalt, die Politik beschließt, sie zu schützen, und Gesellschaft und Wirtschaft finanzieren die Umsetzung. So funktioniert Fortschritt. Zumindest in einem Keller in Sussex handelt der Mensch tatsächlich wie ein *Homo sapiens.* Weise.

Andererseits sind wir auch die erste Spezies in der Geschichte des Lebens, die wider besseres Wissen so tief ins Erdsystem hineinpfuscht, dass sie einen globalen Massenexitus ausgelöst hat. Wir zerstören wissentlich die Natur, die uns ernährt. Wir sägen an dem Ast, auf dem wir sitzen.

Vielleicht verhält es sich wirklich so wie in dem Zitat, das Albert Einstein zugeschrieben wird: Nur zwei Dinge sind unendlich. Das Universum und die menschliche Dummheit. Wobei Einstein sich beim Universum nicht ganz sicher war. Falls er in Bezug auf uns recht hatte, nur für den Fall der Fälle, hier die Adresse der Millennium Seed Bank: *Ardingly, Haywards Heath, West Sussex RH17 6TN, UK.* Und bringen Sie einen Schweißbrenner mit. Die Stahltür macht einen sehr soliden Eindruck.

Ungehemmte Vermehrung

Meteoriteneinschläge, Vulkanausbrüche und andere schicksalhafte Katastrophen, die die Vielfalt des Lebens dezimieren, sind jederzeit möglich – zum Glück in naher Zukunft aber nicht besonders wahrscheinlich. Die größte Bedrohung für uns kommt nicht von außen, sondern von innen. Wir steuern einen unheilvollen Kurs: Richtung Vermehrung und Expansion. Dass unbegrenztes Bevölkerungswachstum auf einem Planeten mit begrenzten Ressourcen irgendwann zu einem Problem wird, liegt auf der Hand. Daher lohnt es sich, einen Blick auf die Folgen unregulierter Expansion zu werfen.

Wie für fast alles hat die Wissenschaft auch für die Vermehrung von Pflanzen, Tieren und Menschen eine Formel entwickelt. Die Populationsdynamik einer Art errechnet sich, indem für einen bestimmten Zeitraum die Zahl der vorhandenen Individuen mit ihrer intrinsischen, sprich der ihnen eigenen Wachstumspotenz multipliziert wird. Also am Beispiel von Hasen: Anzahl der Weibchen multipliziert mit der maximalen Zahl an Häschen, die eine Häsin pro Saison zur Welt bringen kann. Daraus ergibt sich eine Exponentialkurve, die steil Richtung unendlich führt. Dass die Erde dennoch nicht vollständig von Häschen bedeckt ist, liegt an der begrenzten *carrying capacity*, der begrenzten Tragfähigkeit einer Landschaft. Die Fläche ist endlich, also auch die Futtermenge. Füchse und Adler machen Jagd auf Hasen, Krankheiten dezimieren sie, manchmal ist ein Winter besonders lang und ein Sommer besonders trocken – solche Umweltwiderstände begrenzen die Vermehrung. Das produktive Chaos der belebten Natur lässt sich zwar nicht vollständig in Formeln und Zahlen pressen, aber das Prinzip, nach dem Umweltwiderstände Vermehrung begrenzen, lässt sich in der Wildnis tatsächlich messen. Eines der bekanntesten Beispiele der Populationsforschung stammt aus dem Land, wo Luchse und Schneeschuhhasen sich gute Nacht sagen.

Das Gesetz von Jäger und Beute

Die Hudson's Bay Company (HBC) wurde 1670 gegründet und ist heute das älteste noch existierende Unternehmen Kanadas. Über Jahrhunderte kontrollierte es einen großen Teil des Pelzhandels in Nordamerika. Jedes Jahr notierten Buchhalter akribisch, wie viele Luchspelze und Schneeschuhhasenfelle die Jäger aus der Wildnis mitbrachten. Diese Handelslisten bilden die Populationsentwicklung der beiden Arten über drei Jahrhunderte hinweg ab. In der ersten Hälfte des 20. Jahrhunderts wurden sie biologisch ausgewertet. Resultat: Luchse und Hasen schwingen. Und zwar im Lotka-Volterra-Takt.

Alfred Lotka und Vito Volterra, ein Mathematiker und ein Physiker, haben eine Gleichung entwickelt, die theoretisch beschreibt, wie Räuber und Beute einander in ihrer Populationsentwicklung beeinflussen. Gibt es viel Beute, vermehren sich die Räuber. Ist die Zahl der Jäger sehr hoch, überleben weniger Beutetiere. Bald darauf fehlt den Räubern die Nahrung, und sie bekommen weniger Junge, was dazu führt, dass die Beute sich wieder stärker vermehren kann. Stellt man dann die Entwicklung beider Arten im Verlauf mehrerer Jahre grafisch dar, ergeben sich zwei schöne Sinuskurven, die leicht verschoben um einen Mittelwert oszillieren.

Ganz ähnlich regulieren sich Hermeline und Lemminge. Deren kollektiver Massenselbstmord übrigens bloß eine unausrottbare Legende ist, begründet von einem Disney-Film aus dem Jahr 1958. Damals hatte das Filmteam Lemminge gekauft, eigenhändig über die Klippen gestoßen und so die dramatische Geschichte bebildert, die es in der Realität gar nicht gab. Lemminge begrenzen ihre Vermehrung nicht durch kollektiven Suizid, sondern genau so, wie Charles Darwin es schon einhundert Jahre vor dem Disney-Märchen beschrieben hatte: »Es gibt keine Ausnahme von der Regel, dass sich jedes organische Wesen auf natürlichem Wege so stark vermehrt, dass, wenn es nicht der Vernichtung ausgesetzt wäre, die Erde bald von den Nachkommen eines einzigen Paares erfüllt sein würde.«

»Keine Ausnahme von der Regel«? Da der Mensch ein »organisches Wesen« ist, stellt sich zwangsläufig die Frage, ob auch wir »der Vernichtung ausgesetzt« sind. Unterliegt auch der Mensch der biologischen Regel, die Darwin formuliert hat?

Natürliche Geburtenkontrolle

Na klar! Denn prinzipiell stößt alles Lebendige irgendwann an eine Expansionsgrenze. Die Tragfähigkeit eines Systems ist erreicht, wenn die Erneuerung und der Verbrauch von Ressourcen sich in einem Gleichgewicht befinden. Das gilt für Schneeschuhhasen genauso wie für Menschen. Dabei kann es kurzfristig durchaus zu erheblichen Schwankungen kommen. Heuschrecken oder Blattläuse beispielsweise fahren eine Katastrophenstrategie: explosionsartige Vermehrung unter günstigen Bedingungen, massenhaftes Absterben unter ungünstigen. Kein guter Weg für die Menschheit. Andere Arten, insbesondere langlebige große Säugetiere, produzieren von vornherein weniger Nachkommen, in deren Aufzucht sie dann aber enorm viel Energie stecken – fragen Sie mal Ihre Eltern! Wieder andere, wie Kängurus, verfügen über eine natürliche Geburtenkontrolle, indem sie in Mangelzeiten die Reifung der Embryos unterdrücken. Ameisenköniginnen fressen überschüssige Eier, Hechte ihre Artgenossen, und bei Wölfen bekommt meist nur das Alpha-Weibchen Junge. Bei Ratten und Mäusen können dominante Weibchen die Fortpflanzungslust untergeordneter Tiere mit Hilfe von Pheromonen steuern, Bienen und Wespen gehen ganz ähnlich vor.

Wir, die nackten Affen, sollten unsere Expansion ebenfalls selbst kontrollieren, denn wenn wir das der Natur überlassen, wird es ungemütlich: Hunger, Seuchen, Gewalt – das sind die Werkzeuge der Natur. Gut, dass wir als einziges Tier gleichzeitig hypersozial und hochintelligent sind. Wir haben es also selbst in der Hand. Im zweiten Teil dieses Buches geht es deshalb auch darum, wie unsere Gesellschaft, unsere Ökonomie und unsere Politik sich verändern müssen, damit Darwins Vernichtungsregel uns nicht heimsucht. Denn das wird sie, wenn wir nicht vorher handeln.

Bisher ist es uns gelungen, die Tragfähigkeit der Erde immer weiter zu erhöhen – und zwar, indem wir zusätzliche Energie verfügbar gemacht haben: Erst haben wir ertragreichere Pflanzen gezüchtet, dann Kohle, Öl und Gas verbrannt, heute ernten wir verstärkt Strom aus Sonne, Wasser und Wind. So haben wir es geschafft, eine stetig wachsende Zahl von Menschen auf einem gleichbleibend großen Planeten zu versorgen. Aber endlos lässt sich die Tragfähigkeit nicht erhöhen, irgendwann ist Schluss, auch wenn es sich im Moment angesichts von wachsendem Wohlstand anders anfühlt und unser Wirtschaftssystem genau das Gegenteil suggeriert.

Wir verhalten uns so clever wie die Gans, die jeden Tag glücklicher wird. Denn mit jedem Tag bekommt sie mehr zu futtern und wird immer fetter. Doch der glücklichste Tag im Leben einer Gans ist der letzte Tag vor Weihnachten.

Das egoistische Gen

Auch wir freuen uns über unseren wachsenden Wohlstand, den wir unserer überragenden Intelligenz verdanken. Aber diese Intelligenz wurzelt genau dort, wo auch die Dummheit wächst: Unser Gehirn und damit unser kognitives Leistungsvermögen ist im Laufe von Jahrmillionen zwar immer größer geworden. Deshalb können wir heute über Konzepte wie die Stringtheorie, dunkle Materie oder die falsche Neun im Offensivfußball diskutieren. Doch sogar die Klügsten von uns rauchen zwischen solchen Gesprächen Zigaretten, futtern Schokoriegel, fahren abends mit einem SUV nach Hause und ärgern sich darüber, dass das Gras in Nachbars Garten grüner ist. Warum? Weil unter der vernunftspendenden Großhirnrinde das evolutionsbiologisch viel ältere limbische System liegt. Dort entstehen die Gefühle. Und gegen die sind wir weitgehend machtlos. Der Evolutionsbiologe Matthias Glaubrecht hat die Folgen schön auf den Punkt gebracht: Wir denken schlau und handeln blöd.

Gefühle sind ein Ergebnis unserer biologischen Entstehungsgeschichte. Angst vor giftigen Schlangen, Vertrauen zur Familie, Misstrauen gegenüber Unbekannten – solche Emotionen waren überlebenswichtig für die frühen Menschen.

Und von denen haben wir sie geerbt. Sie stecken in unseren Genen. Und die ziehen uns wie Marionetten an unsichtbaren Fäden durch unsere Existenz. Dabei kennen die Gene nur eine Richtung: Expansion.

Gene sind, obwohl sie weder Absichten noch Gefühle haben, die eigentlichen Triebfedern des Lebens. Ihr einziges Ziel ist Vermehrung und der Sprung in die nächste Generation. Unsere Körper sind bloß Vehikel, in denen sie ein Stück weit durch Raum und Zeit reisen. Ist der Wirtskörper bei der Fortpflanzung erfolgreich, können sie neue Wirte besiedeln, die sie dann wiederum zur Vermehrung treiben. Und so läuft das schon seit Milliarden Jahren. Die Gene wanderten durch zahllose Einzeller, Fische und Primaten, veränderten sich, passten sich und ihre Wirtskörper an die jeweiligen Umweltbedingungen an und steuern nun auch uns. Das ist die Theorie vom egoistischen Gen. Sie degradiert das Individuum zu einer Überlebensmaschine.

Eines der Resultate der genetisch programmierten Expansion ist unser Drang, immer weiter zu wollen, zu immer neuen Ufern aufzubrechen. Zwar breiten alle Arten sich aus, seit Darwin wissen wir das, aber wir verfügen eben über ganz besondere Möglichkeiten. Unser Eroberungswille ist eine der uns am stärksten definierenden Eigenschaften. Neues macht uns zwar Angst, das schon, es treibt uns aber gleichzeitig hinaus in die Welt. Unsere Stammesgeschichte ist die Erzählung einer Pionierart, die in neue Lebensräume vordringt, ihre Ressourcen nutzt und weiterzieht, wenn es nichts mehr zu holen gibt oder das Gras woanders grüner erscheint. Doch nun sind wir so viele, dass wir überall schon sind, alles erobert haben. Der nächste Schritt muss hinaus in den Weltraum führen. Nur dort kann es anscheinend noch weitergehen, nur dort ist es möglich, noch in Regionen vorzudringen, die noch nie ein Mensch zuvor gesehen hat.

Wir expandieren zwanghaft und werden zu Opfern unseres eigenen Erfolges.

Familienbande

Alle Lebensformen auf der Erde, egal ob Mammutbaum, Mücke oder Maulwurf, ob Schimpanse, Champignon oder Schlammspringer, sind durch Gene miteinander verbunden, denn sie stammen von einer einzigen Urform ab. Von L-U-C-A, dem *last universal common ancestor*, dem letzten gemeinsamen Vorfahren von allen. Eine nie unterbrochene und weit verzweigte Lebenslinie führt von LUCA durch dreieinhalb Milliarden Jahre Evolution und unzählige Kreaturen bis zu uns. Jeder einzelne unserer Vorfahren musste überleben und sich erfolgreich fortpflanzen. Kein Einziger hat dabei versagt, viele Millionen Mal sind die Erbanlagen von einem Körper in einen anderen übergegangen. The Streets singen über dieses Wunder in *On the Edge of a Cliff*:

> For billions of years since the outset of time
> Every single one of your ancestors has survived
> Every single person on your mum and dad's side
> Successfully looked after and passed on to you life
> What are the chances of that like?

Die gemeinsame Abstammung allen irdischen Lebens von LUCA erklärt übrigens auch, warum wir alle, rein genetisch betrachtet, zur Hälfte Bananen sind. Ob Pottwal, Kohlrabi oder Grünblütiger Skink, wir gehören alle zu einer Familie. Was aber nichts daran ändert, dass die Artenvielfalt auf dieser Erde eine nützliche Strategie für Gene ist, um sich möglichst erfolgreich zu vermehren. »Immer mehr« ist die Urkraft des Lebens. Sie beherrscht auch uns – und wir beherrschen den Planeten.

Unser Einfluss auf das Erdsystem ist gewaltig. Nie zuvor war eine einzige Tierart derart dominierend auf diesem Planeten. Seit der Mitte des vergangenen Jahrhunderts hat die menschliche Aktivität sich dramatisch intensiviert. Die Forschung spricht deshalb von der »Great Acceleration«, der »Großen Beschleunigung«.

Ein Forschungsteam um den Klimawissenschaftler Will Steffen hat je zwölf sozioökonomische und Erdsystem-Trends untersucht (sie sind in der Mitte des Buches abgebildet). Grafisch dargestellt, folgen alle Kurven demselben Muster: Sehr lange steigen sie nur langsam an, doch Mitte des vergangenen Jahrhunderts schießen sie explosionsartig nach oben – die berühmte Hockeyschlägerkurve. Der Trend sieht überall gleich aus: bei der Weltbevölkerung, der Produktion von Energie und Papier genauso wie beim Einsatz von Dünger und der Konzentration von CO_2 in der Atmosphäre, der Oberflächentemperatur, dem Fischfang, dem Verlust tropischer Regenwälder oder eben dem Artensterben. Angetrieben ist die Große Beschleunigung von Bevölkerungswachstum, steigendem Konsum, günstig verfügbarer Energie und ökonomischer Liberalisierung.

Homo sapiens als Artenkiller

Welche Folgen das hat, lässt sich überall studieren. An einigen Orten ist die zerstörerische Kraft der menschlichen Expansion aber besonders augenfällig geworden. Zum Beispiel in Neuseeland. Dort hat sich das Leben einige Millionen Jahre lang weitgehend getrennt vom Rest der Welt entwickelt. Abgesehen von einigen Fledermausarten hat die Evolution auf den abgelegenen Inseln keine Säugetiere hervorgebracht. Dafür eine besonders artenreiche Vogelwelt. Die ist inzwischen allerdings arg geschrumpft. Einen ziemlich drastischen Eindruck von der vergangenen Vielfalt bekommt man auf der Südinsel.

Wer in die Honeycomb Hill Cave will, muss durch den Schlamm robben und sich durch enge Passagen quetschen. Die Decke ist an vielen Stellen gerade mal kniehoch. Manchmal noch flacher. Der Gang nur schulterbreit. Wenn es draußen regnet, schwillt der Oparara River bedrohlich an und donnert durch sein unterirdisches Flussbett.

Doch in einer etwas abgelegenen Seitenkammer des Höhlensystems herrscht Grabesstille. Im Schein der Taschenlampe tauchen Hunderte Skelette auf, halb im Sediment begraben. Die Lichtkegel lassen Schatten über den Fels huschen. Gespenstisch. Hier liegen Tausende Knochen, die Überreste von Dutzenden Arten. Die ältesten sind etwa 20 000 Jahre alt, die jüngsten nur einige hundert. Durch ein Loch in der Höhlendecke sind immer wieder Laufvögel in die Tiefe gestürzt wie in eine Fallgrube, der unterirdische Fluss hat ihre Überreste dann in dieser Felsenkammer gestapelt. In der steinernen Zeitkapsel ist eine Vielfalt konserviert, die es auf der Oberfläche längst nicht mehr gibt.

Neuseeland war die letzte große Landmasse, die besiedelt wurde. Wahrscheinlich erst vor etwa 800 Jahren erreichten polynesische Kanus die bis dahin unbekannte Küste. Vielleicht nur ein paar Dutzend Siedler nahmen die neue Welt in Besitz – und veränderten sie schlagartig. Die Tiere Neuseelands waren leichte Beute, sie kannten keine Menschen und hatten deshalb auch keine Angst vor ihnen. Schon wenige Jahrzehnte nach Ankunft der ersten Polynesier waren die Riesenmoas, bis zu zwei Meter große Laufvögel, so gut wie ausgerottet. Wenig später waren alle neun Moa-Arten verschwunden. Nach ihnen starb der Haastadler, der größte Greifvogel auf Erden. Dutzende, vielleicht Hunderte weitere Arten erlitten das gleiche Schicksal. Die Knochen früher Maori zeigen oft Anzeichen von Gicht, ein Indiz für übermäßigen Fleischkonsum.

Auf ihren Kanus hatten die Siedler außerdem Pazifische Ratten als lebendigen Proviant dabei. Ein paar verwilderten und fraßen Vogeleier aus den Nestern der Laufvögel. Inzwischen sind etwa 40 Prozent der in Neuseeland endemischen, sprich ausschließlich dort heimischen Vogelarten vernichtet. Vor allem durch Bioinvasoren wie Ratten, Katzen und Possums, die vom Menschen eingeschleppt worden waren. Das ist typisch für unsere Art.

Wann immer *Homo sapiens* einen neuen Lebensraum erreicht, beginnt er umgehend einen Vernichtungsfeldzug. Einen Blitzkrieg gegen die Natur. Der Historiker Yuval Noah Harari nennt den Menschen deshalb »die größte und zerstörerischste Kraft, die das Tierreich je hervorgebracht hat«, einen »ökologischen Massenmörder«. Was jagdbar ist, muss sterben. Naturvölker, die sich ohne Zwang bescheiden und nachhaltig in den Kreis des Lebens einfügen, ohne die Umwelt zu schädigen, gehören ins Reich der Märchen. Eben weil der Mensch ein Teil der Natur ist, verhält er sich auch nicht anders als ein Fuchs im Hühnerstall. Er nimmt, was er kriegen kann.

Die ersten Menschen in Australien löschten den gewaltigen Donnervogel genauso aus wie das nashorngroße Wombat Diprotodon, den tonnenschweren Waran, das Riesenkänguru und die übrige australische Megafauna. In Eurasien starben nach der letzten Eiszeit Wollnashorn, Mammut, Höhlenlöwe, Riesenhirsch und viele andere aus. In Nordamerika wurden Mastodon, Kamel, Pferd und Riesenfaultier ausgerottet, in Südamerika alle Rüsseltiere und das bis zu anderthalb Tonnen schwere Riesengürteltier. Und viele, viele mehr.

Die Kultur der Maori schlitterte schon einige Jahrzehnte nach der Ankunft in Neuseeland in eine ernste Krise. Die Folgen: Nahrungsmangel, Verteilungskriege, Brandrodung, möglicherweise sogar Kannibalismus. Erst nachdem sie nachhaltigere Methoden der Ernährung, neue Landwirtschaftsformen und schonendere Jagdtechniken entwickelt hatten, konnten die Maori ihr Überleben sichern. Es war eine schmerzhafte Anpassung. Naturvölker, denen wir heute attestieren, »im Einklang mit der Natur« zu leben, haben meist erst nachhaltige Jagd- und Bewirtschaftungsformen entwickelt, *nachdem* sie alle leicht jagdbaren Tiere ausgemerzt hatten und sich deshalb neue Nahrungsquellen erschließen *mussten*.

Sie haben einen Weg gefunden, die Ökosysteme, in denen sie leben, nachhaltig zu nutzen. Nicht etwa, weil sie bessere Menschen wären oder eine reinere Seele hätten. Sondern weil sie keine andere Wahl mehr hatten. Sie wurden von der

Umwelt zu Verhaltensänderungen gezwungen. Und genau an diesem Punkt steht unsere Zivilisation heute.

Wir können also etwas sehr Wichtiges von den Naturvölkern lernen: Wir müssen uns anpassen, die ökologischen Grenzen akzeptieren, um zu überleben. Sonst ergeht es unserer globalen Zivilisation so wie einst den Maori, den Osterinsulanern, den Maya, den Khmer und vielen, vielen anderen Kulturen, die sich in existenzielle Krisen und manchmal sogar den eigenen Untergang expandierten. Der Biogeograf Jared Diamond hat in seinem Buch *Kollaps* einige davon untersucht. Er kommt zu dem Schluss, die Überlebensfähigkeit einer Zivilisation hänge vor allem von ihren »intellektuellen oder organisatorischen Fähigkeiten« ab, »auf Umweltschäden zu reagieren«. Daran sollten wir wohl arbeiten.

Malthus' Katastrophe

Eine Spezies nutzt grundsätzlich alle für sie geeigneten Ressourcen, um zu expandieren. Vermehrung und Ausbreitung enden erst, wenn die Ressourcen erschöpft sind und der Umweltwiderstand zu groß wird. Dabei ist Fortpflanzung keine Option, sondern ein genetischer Zwang. Soweit gilt das für alle Arten. Auch für *Homo sapiens.*

Die Menschen sind in Sachen Vermehrung aber sogar außergewöhnlich erfolgreich. In seinem Buch *Das Ende der Evolution* stellt der Evolutionsbiologe Matthias Glaubrecht fest: »Was uns von Schimpansen und Gorillas oder gar vom Orang-Utan wirklich trennt, und zwar um mehrere Größenordnungen, ist die Anzahl unseres Nachwuchses. Über Jahrtausende und Jahrhunderttausende verzinst, wuchs sich vor allem die höhere Reproduktionsrate beim Menschen zu jenem gegenwärtigen Erfolg aus, bei dem mehr als sieben Milliarden Menschen einigen wenigen Zehntausenden Menschenaffen gegenüberstehen.« Biologen nennen uns deshalb eine »weed species«, eine Unkrautart.

Immerhin ist der Grund für unseren Fortpflanzungserfolg wahrscheinlich ein romantischer. Weil wir monogamer leben als Affen, die Bindung zwischen Vater und Mutter besonders eng ist, genießen unsere Nachkommen mehr Aufmerksamkeit und Fürsorge. Weil menschliche Gesellschaften junge Frauen, also potenzielle Mütter, besser beschützen, als es Schimpansen oder Gorillas tun, gebären sie mehr Kinder als die tierische Verwandtschaft. Schon aus einer hundertköpfigen prähistorischen Jäger- und Sammlergruppe, hat Jared Diamond vorgerechnet, konnte wegen der hohen Reproduktionsrate von *Homo sapiens* theoretisch innerhalb von nur 340 Jahren eine Bevölkerung von zehn Millionen Menschen hervorgehen. Dieses Fortpflanzungspotenzial steckt in uns – und entfaltet seine ganze Wucht, sobald die limitierenden Faktoren wegfallen. Genau das ist passiert.

Thomas Malthus, ein britischer Ökonom und Philosoph, der in der zweiten Hälfte des 18. und der ersten Hälfte des 19. Jahrhunderts lebte, genießt den zweifelhaften Ruhm, Namensgeber der »Malthusianischen Katastrophe« zu sein. Er hatte zwar noch keine Ahnung von der Existenz der egoistischen Gene, aber er hat ihren Effekt in seinem *Essay on the Principle of Population* beschrieben. Der Mensch folge dem Gesetz der unbegrenzten Vermehrung. Zwar könne er gleichzeitig auch immer neue Methoden entwickeln, um die Nahrungsproduktion zu steigern, aber eben nicht in dem gleichen Maße, wie die Bevölkerung wachse. Deshalb seien Krankheiten, Armut und Hunger notwendige Korrektive. »Ein Mensch [...] wenn seine Familie nicht die Mittel hat, ihn zu ernähren oder wenn die Gesellschaft seine Arbeit nicht nötig hat, hat nicht das mindeste Recht, irgendeinen Teil von Nahrung zu verlangen, und er ist wirklich zu viel auf der Erde. [...] Die Natur gebietet ihm abzutreten, und sie säumt nicht, selbst diesen Befehl zur Ausführung zu bringen.« Neben der mitleidlosen Arroganz der britischen Oberschicht, die hier Ausdruck findet, erstaunt zunächst die offensichtliche Tatsache, dass die Malthusianische Katastrophe nie eingetreten ist. Krankheiten, Kriege und Hunger sind zwar ständige Wegbegleiter des Menschen, aber die apokalyptischen Reiter haben das Bevölkerungswachstum nicht dauerhaft gestoppt. Bislang jedenfalls.

Während der gesamten Frühgeschichte des Menschen stromerten höchstens ein paar Millionen Individuen durch die Wildnis. Erst als wir von Natur-Bewohnern zu Natur-Gestaltern wurden, konnten wir die Tragfähigkeit der Erde deutlich erhöhen. Etwa durch die Landwirtschaft: Eine Fläche, die nur fünf Nomaden ernährt, kann bis zu 35 Bauern und Bäuerinnen satt machen.

Dennoch bleiben die Menschen nach der Erfindung von Ackerbau und Viehzucht jahrtausendelang zahlenmäßig irrelevant. Das begann sich erst vor wenigen Jahrhunderten zu ändern.

Die Wahrscheinlichkeit, durch Hunger, Krankheit oder Gewalt umzukommen, ist heute sehr viel niedriger als noch zu Malthus' Zeiten. Seit dem Mittelalter ist die Kindersterblichkeit in den heutigen Industrienationen von rund fünfzig auf inzwischen unter ein Prozent gesunken. Ein mitteleuropäischer Landwirt erntet heute pro Hektar zehnmal so viel Getreide wie ein Bauer im 14. Jahrhundert. Und die Wahrscheinlichkeit, eines gewaltsamen Todes zu sterben, ist schätzungsweise fünfzigmal geringer als damals. Wir haben den natürlichen Umweltwiderstand, der unserer Ausbreitung im Wege stand, massiv reduziert. Die menschliche Innovationsfähigkeit, unseren Erfindungsgeist, hat Malthus kolossal unterschätzt.

Als er seinen Essay schrieb, lebten noch nicht einmal eine Milliarde Menschen auf der Erde. In den 1970er-Jahren waren es rund vier, heute sind es fast acht, 2050 werden es wohl um die zehn Milliarden sein. Dennoch wächst die Weltbevölkerung nicht, wie von Malthus befürchtet, immer weiter. Die Kurve flacht ab, ungefähr im Jahr 2100 wird wohl bei höchstens 11 Milliarden Schluss sein. Auch ohne Hunger, Seuchen und Kriege. Die Zahl der Menschen begrenzt sich: durch höhere Bildung, wachsenden Wohlstand, vor allem aber durch die Befreiung der Frauen aus patriarchalen Strukturen.

Kultur schlägt Natur

Sobald Frauen Zugang zu Bildung und Beruf haben, erhalten sie einen größeren Einfluss auf die Familienplanung. Sie bekommen später Kinder und vor allem: weniger. Wachsender Wohlstand entbindet Eltern außerdem von der Notwendigkeit, Kinder als Altersvorsorge zu betrachten. Entsprechend den sozioökonomischen Unterschieden ist das aktuelle Bevölkerungswachstum global sehr ungleich verteilt. Im Niger bekommt eine Frau durchschnittlich sieben Kinder, in Taiwan nur 1,1. So wird sich die Population im südlichen Afrika bis 2050 wahrscheinlich verdoppeln, in Nordamerika und Europa dagegen liegt das prognostizierte Wachstum bei lediglich zwei Prozent. Aber die Geburtenrate gleicht sich global immer weiter an. Deshalb sagt die Populationsforschung voraus, in spätestens hundert Jahren werde die Weltbevölkerung beginnen zu schrumpfen. Malthus ist widerlegt, die Macht der Gene gebrochen. Kultur schlägt Natur.

Nur leider zu spät. Denn wir haben kein Jahrhundert mehr, das wir abwarten können, bis uns weniger Babys eine ökologische Entlastung bescheren. Die Entscheidung, ob die Menschheit in eine schwere biologische Krise mit Hungersnöten und Verteilungskriegen schlittert oder nicht, fällt jetzt. In dieser Generation. Denn die heute etwa Fünfzigjährigen sind Zeugen und Protagonisten eines welthistorisch einmaligen Moments: der Verdoppelung der Weltbevölkerung. Niemals zuvor in den etwa 300 000 Jahren seiner Existenz konnte der Mensch seine Zahl innerhalb von nur einer Generation verdoppeln. Und es kann auch nie wieder passieren, denn doppelt so viele Menschen wie heute könnte die Erde wohl kaum tragen.

Ein Werben für weniger Kinder, so heikel das Thema auch sein mag, ist global betrachtet daher unbedingt sinnvoll. Bei zwei Kindern pro Frau bleibt die Bevölkerung in etwa stabil. Der Club of Rome hat 2016 sogar vorgeschlagen, Frauen, die bis zu ihrem 50. Geburtstag höchstens ein Kind bekommen haben, mit bis zu 80 000 Dollar zu belohnen. Der Co-Autor des Konzepts, Jørgen Randers, kommentierte seine eigene Idee drastisch: »Meine Tochter ist das gefährlichste Tier von allen.« Ein Satz, der natürlich viel Widerspruch provozierte. Aber Fakt ist: Schon heute, mit fast acht Milliarden Menschen, bewegen wir uns außerhalb der ökologischen Belastungsgrenzen der Erde und gefährden damit die Zukunft unserer Kinder.

Weniger Nachkommen wären ein effizienter Weg, das Wohlergehen unserer Art zu sichern. Denn ob unsere Erde dauerhaft zehn oder sogar elf Milliarden ein würdiges Leben bieten kann, bleibt offen. Rein rechnerisch scheint das zwar möglich zu sein. Doch dafür müssten die grauenhaften Verteilungsungerechtigkeiten überwunden werden, die unsere Weltwirtschaft prägen. Die Reichen, also wir, müssten verzichten – und ob wir dazu bereit sein werden, ist mehr als fraglich. Gleichzeitig können bei den auf der Erde vorhandenen Ressourcen nicht alle Menschen auf einem Wohlstandsniveau leben, wie Nordamerikaner und Westeuropäer es aktuell genießen. Die reichsten sieben Prozent der Welt sind für die Hälfte der gesamten Kohlenstoffemissionen verantwortlich, sie beanspruchen gleichzeitig viel mehr Fläche für sich als der globale Durchschnitt. Die Konsumlast, die sich ergäbe, wenn alle so lebten wie wir, läge weit jenseits der irdischen Belastungsgrenzen. Weniger Menschen wären besser für die Menschheit.

Der Grund für unsere rasante Vermehrung ist vor allem die gesunkene Sterberate. Die meisten Neugeborenen erreichen anders als in der vorindustriellen Zeit das Erwachsenenalter. Und das dauert immer länger: Der aktuelle UN-Bevölkerungsbericht geht davon aus, dass die durchschnittliche Lebenserwartung sich bis 2050 um knapp fünf Jahre erhöhen werde. Dieser Wert ist in die Bevölkerungsprognosen eingerechnet. Gleichzeitig macht die Wissenschaft unvorhersehbare und sprunghafte Fortschritte im Kampf gegen Alter und Tod.

Im Juli 2019 präsentierte in New York der Biogerontologe Gregory Fahy einem erstaunten Fachpublikum Daten, die den Eindruck erwecken, es sei mit Hilfe von Medikamenten gelungen, die Lebensuhr von neun Menschen rückwärts laufen zu lassen. Sie waren nach der Behandlung im Durchschnitt zweieinhalb Jahre jünger als zuvor – biologisch betrachtet. Nun ist Fahys Methode bisher nicht von unabhängigen Experten überprüft worden, und die Anzahl der Probanden war extrem klein. Aber selbst wenn seine Verjüngungskur sich als Flop herausstellen sollte, sind die Fortschritte der Anti-Aging-Forschung insgesamt unbestreitbar. David Sinclair von der Harvard Medical School ist sicher: »Nichts spricht dagegen, dass wir 200 Jahre alt werden.« Er will an der epigenetischen Uhr drehen und hat bei sich selbst schon angefangen. Jeden Tag behandelt er sich selbst mit einem Wirkstoffcocktail und hofft, damit den »Alterungsprozess nicht nur verlangsamen, sondern umkehren« zu können.

So oder so wird sich die Zahl der über Achtzigjährigen auf der Welt bis 2050 mindestens verdreifachen. Medizinische Fortschritte, so erfreulich sie für jeden Einzelnen auch sein mögen, könnten die Trendwende bei der Weltbevölkerung verzögern. Gut für die Betroffenen, schlecht für die Allgemeinheit. Außerdem wären es wohl eher die Wohlhabenden, die sich lebensverlängernde Behandlungen leisten könnten, was die sozialen Konflikte der Welt weiter verschärfen würde. In einer alternden Gesellschaft mit steigendem Wohlstand haben Anti-Aging-Technologien eine große Zukunft: Der Wunsch zu leben ist übermächtig. Aber wenn wir aufhören zu sterben, bedroht das unser Überleben.

Je reicher, desto dreckiger

Ausgerechnet Bildung und Wohlstand, also die Faktoren, die das Bevölkerungswachstum begrenzen, tragen in sich den Keim für einen noch weitaus zerstörerischeren Trend, warnt der Erdsystemforscher Will Steffen und rechnet vor: »Bevölkerung mal Reichtum mal Technologie ergibt in Summe ein Maß für den Impact, den eine Gesellschaft auf der Erde hat. Der Faktor Bevölkerung ist dabei vielleicht der am wenigsten wichtige, denn der Konsum wächst davon unabhängig.« Wir können nicht einfach die Zahl der Menschen mit dem Schaden für die Umwelt gleichsetzen, das würde die Tatsachen völlig auf den Kopf stellen. Es sind weniger die kinderreichen Familien im Niger, die schuld an der Misere sind. Der ökologische Fußabdruck einer kinderarmen Familie in einer wohlhabenden Industrienation ist in der Regel deutlich größer. Für uns Menschen gilt: je reicher, desto dreckiger.

Das Abflachen der Bevölkerungskurve allein entlastet die Ökosysteme also nicht. Im Gegenteil: Der wachsende Konsum pro Kopf führt in den geburtenschwachen Industrienationen sogar zu schnellerer Naturzerstörung als in Ländern mit geringerem Lebensstandard und höherer Geburtenrate. Ein in

Wohlstandsgesellschaften sinnloser, aber offenbar übermächtiger Zwang zur materiellen Expansion führt zu absurdem Verhalten.

Beim Verkaufsstart eines neuen Smartphone-Modells in Peking beispielsweise kam es vor einiger Zeit zu heftigen Tumulten. Nachdem Kunden stundenlang, einige sogar die ganze Nacht hindurch, in der Winterkälte ausgeharrt hatten, war die Enttäuschung groß, als sie feststellen mussten, dass das Telefon schon nach kurzer Zeit ausverkauft war. Eier flogen, im Handgemenge wurden mehrere Menschen verletzt, die Polizei musste das Gebiet um den Laden weiträumig absperren. Die wenigen, die eines der neuen Smartphones ergattert hatten, schwenkten ihre Beute wie hungernde Neandertaler eine Hirschkeule. Mit dem Unterschied, dass ihr neues Handy in keiner Weise für ihr Überleben notwendig ist. Warum also die Aufregung?

Der Mensch hamstert aus Angst vor Mangel. Tausende Generationen lang war das sinnvoll. Aber spätestens seit Beginn der Neuzeit hat die Anhäufung von Besitz eine bedrohliche Eigendynamik entwickelt. Inzwischen leben wir seit zwei Generationen in anhaltendem Überfluss und, wie es in dem Film *Fight Club* heißt, kaufen Dinge, die wir nicht brauchen, um damit Menschen zu beeindrucken, die wir nicht mögen. Ein Durchschnittseuropäer besitzt heute geschätzt etwa 10 000 Gegenstände. Nur sehr wenige davon sind für das direkte Überleben notwendig. Ledersitze im Stadtgeländewagen? Das 13. Paar Schuhe? Drei Sektkühler, obwohl man niemals einen benutzt? Weniger besitzen ist dennoch keine ernsthaft erwogene Option. Wenn wir etwas erst mal in Händen halten, wollen wir es nicht mehr hergeben. Das ist die Tyrannei der Dinge. Wir ertrinken im Überfluss.

Ökonomen nennen dieses erstaunliche Phänomen Besitztums- oder Endowment-Effekt. In einem bekannten Experiment dazu wurden an Probanden Tassen verschenkt. Dann erhielten die Teilnehmer die Möglichkeit, ihre Tasse gegen Schokolade einzutauschen. 90 Prozent behielten lieber die Tasse. Eine andere Versuchsgruppe bekam zuerst die Schokolade und konnte diese dann gegen Tassen tauschen. 90 Prozent behielten lieber die Schokolade. Ganz offensichtlich eine kognitive Verzerrung. Wir sind einfach nicht in der Lage, den Wert einer Tasse oder einer Schokolade objektiv zu beurteilen. Instinktiv halten wir einen Gegenstand für wertvoller als er ist, nur weil er uns gehört. Besitz verändert uns, er macht uns habgierig. Aber Expansion führt in die Krise. Fragen Sie die Maori!

Habgier ist eine Zivilisationskrankheit

Die Spur der gegenwärtigen Ökokrise führt zurück bis zur neolithischen Revolution: Ackerbau und Viehzucht statt Jagen und Sammeln. Bis dahin war das Nahrungsangebot von Zufällen und dem Jagdglück abhängig – von nun an hielten wir unser Schicksal in den eigenen Händen. Der Preis für diese relative Versorgungssicherheit war hoch: Der Mensch hat seine Freiheit aufgegeben und sich selbst ins Joch gespannt. Außerdem wurden wir zu Materialisten. Schließlich braucht ein Ackerbauer Werkzeuge und Geräte, ein Stück Boden, das zuverlässig von keinem anderen beansprucht wird, eventuell auch Nutztiere. Und weil der Bauer ständig an einem Ort lebt, dem Wild also nicht folgen und Feinden nicht ausweichen kann, muss er Vorräte anlegen und gegen andere verteidigen. Unvermeidlich waren einige dabei geschickter als andere. Reicher als andere.

Neid, Habgier, Geiz und Herrschsucht waren in einer egalitären Jäger- und Sammlergesellschaft ganz sicher keine vorteilhaften Charaktereigenschaften. Jeder konnte nur so viel besitzen, wie sich tragen ließ, und das Prinzip des Teilens nach gemeinschaftlicher Jagd war eine überlebensnotwendige Selbstverständlichkeit. Wer ein Haus, einen Acker und eine Kuh hat, verhält sich anders als ein vorneolithischer Jäger-Sammler, denn je mehr er zusammenrafft, desto besser sind die Chancen, seine Familie auch in Notzeiten durchzubringen. Sein Fortpflanzungserfolg steigt, die Gene jubilieren. Die Gier übernimmt das Kommando.

Expansion, zunächst biologisch, seit der Sesshaftwerdung auch materiell, ist also ein Wesensmerkmal von *Homo sapiens*. Das ist uns tief ins Genom geätzt, ein Erbe aus unserer Frühzeit in Afrika. Von dort aus haben wir in mehreren Wellen zunächst Asien und Europa, später auch Amerika und Australien in Besitz genommen. Seither müssen wir jeden Urwald erkunden, jeden Berg besteigen, jede Wüste durchqueren. Wir können gar nicht anders. Gäbe es noch eine Insel, die noch nie ein Mensch betreten hat, würden sofort Abenteuerlustige dorthin aufbrechen, um die Ersten zu sein. Der Zwang, neue Gebiete zu entdecken und in Besitz zu nehmen, überwältigt uns. Wir sind manische Pioniere und inzwischen sogar auf dem Weg zum Mars, obwohl keiner genau sagen kann, was wir da eigentlich wollen. Dieser unbedingte Expansionswille, der

Gorillas und Schimpansen fremd ist, hat den Siegeszug unserer Spezies über den gesamten Globus erst möglich gemacht. Wir besiedeln ein Gebiet, plündern es aus, ziehen weiter ins nächste und plündern auch das.

In grauer Vorzeit war dieses Verhalten eine schlichte und erfolgreiche Überlebensstrategie. Aber nun haben wir jedes Revier besetzt, jede Ressource angezapft, die größtmögliche Ausbreitung erreicht. Alles ist erobert, überall haben wir unsere Spuren hinterlassen. Die Technosphäre, all das, was wir Menschen gebaut und auf der Erde verteilt haben, von der Gizeh-Pyramide bis zum Nasenhaarschneider, wiegt inzwischen acht Mal mehr als die Biosphäre, also das, was auf der Erde lebt, von der Mücke bis zum Elefanten. Durchschnittlich 50 Kilogramm haben wir auf jeden Quadratmeter dieses Planeten gestellt. 30 Billionen Tonnen Zivilisation. Doch wir verhalten uns immer noch wie die ersten Menschen. Das genetische Erbe der Steinzeit hängt wie ein Mühlstein an unserem Hals. Wir haben nur eine Waffe, um diese destruktiven Instinkte zu bändigen: unseren Verstand.

3

Zusammen sind wir stark

Warum Artenvielfalt für uns wichtig ist

> Die Natur kann alles, was wir uns vorstellen können.
> Sie kann es besser, effizienter, wunderbarer.
> **BARBARA MCCLINTOCK, BOTANIKERIN**

Einatmen. Ausatmen. Und jetzt noch mal ein. Den zweiten Atemzug verdanken Sie dem wichtigsten Lebewesen, von dem Sie noch nie gehört haben. Es kann nicht denken und nicht fühlen, ist winzig klein – und verhindert jeden Tag aufs Neue, dass wir alle sterben.

Vor Grönlands Küste tuckern wir im Schlauchboot die Küste entlang, als plötzlich ein Gletscher kalbt. Es rauscht, es donnert, dann kommt der Schneestaub und dann die Welle. Eingehüllt in eine weiße Wolke tanzt unser kleines Boot hin und her. Als sich der Staub wieder legt, haben sich Tausende Tonnen Gletschermasse in einen Eisberg verwandelt, der strahlend weiß im blauen Wasser taumelt. Den grauschwarzen Staub, der Augenblicke zuvor noch auf dem Eis lag, hat das Meerwasser abgewaschen. Ein guter Tag für Kieselalgen. Es gibt Futter.

Die Gesteinskrümel, die das Eis von den Bergen gekratzt hat, landen als Gletscherfracht schließlich im Meer. Sie enthalten Siliziumdioxid. Daraus bauen die mikrometerkleinen Einzeller ihre Schalen. Ohne Schalen können sie sich nicht vermehren. Bekommen die Kieselalgen genug Gletscherdreck, kann sich ihre Zahl an einem einzigen Tag verdoppeln. Und am nächsten Tag nochmal und dann nochmal. Die Population explodiert.

Aus Tausenden werden Millionen, aus Millionen Milliarden und Billionen und Trillionen und dann vermehren sie sich noch immer weiter. Vom Weltraum aus sehen Astronauten manchmal gewaltige Algenwolken durch die Ozeane wabern, einige sind Hunderte Kilometer lang. Unvorstellbar viele kleine Wesen. Und jedes einzelne von ihnen betreibt Photosynthese. Mit Hilfe von Sonnenenergie verwandeln die Kieselalgen Wasser und Kohlenstoffdioxid aus der Luft in Nahrung. Dieser geniale Prozess schafft die Grundlage für die Vielfalt des Lebens auf der Erde. Jedes Flattern, jeder Flossenschlag, jeder Schritt, jeder Atemzug geht auf die Photosynthese zurück. Denn bei der Verwandlung von Licht in Kalorien wird ganz nebenbei Sauerstoff freigesetzt. Sehr, sehr viel Sauerstoff.

Die Kieselalgen und ihre Planktonverwandtschaft sind die wahren Lungen der Erde. Ihnen verdanken wir mehr als die Hälfte des lebenswichtigen Sauerstoffs in unserer Atemluft. Und ihnen verdanken wir auch, dass die Klimakrise nicht noch viel schlimmere Ausmaße angenommen hat, denn sie absorbieren einen großen Teil des Kohlenstoffdioxids, das wir Menschen produzieren. Ohne sie gäbe es auch nicht so viel Krill, bis zu 400 Millionen Tonnen, von dem Fische und Wale leben. Krill, tierisches Plankton, ist wie Kartoffelchips für Meerestiere, alle schlagen sich damit die Bäuche voll, bis sie nicht mehr können. Was die Fische und Wale dann nach der Verdauung wieder ausscheiden, verklebt mit den Resten der Kieselalgen zu weißen Flocken, die als dichter Meeresschnee langsam auf den Grund sinken. Jahr für Jahr wachsen so die Sedimentschichten, in denen Massen von Kohlenstoff gespeichert sind.

Wenn dann im Laufe von Äonen geologische Kräfte den Meeresboden anheben oder der Wasserspiegel fällt, gelangen die Schalen der Kieselalgen wieder an die Oberfläche. So wie in Äthiopien. In der Danakil-Senke, einer der trockensten und heißesten Wüsten auf unserem Planeten. Bodentemperaturen von 50 Grad Celsius sind normal, in der Spitze klettert das Thermometer auf bis zu 70 Grad. Beim Atmen brennt die Luft in der Lunge, Nase und Rachen trocknen aus. Es ist kaum möglich, so viel zu trinken, wie der Körper schwitzt. So weit das Auge reicht, wächst hier kein Grashalm, fliegt kein Vogel. Nur ab und zu zieht eine Kamelkarawane vorbei. Die Tiere sind schwer beladen. Arbeiter brechen mit Stemmeisen Stücke aus dem Wüstenboden und laden sie auf den Rücken der Tiere. Rau und staubig fühlen sich die Platten an, und auf den Fingern hinterlassen sie den Geschmack der Ozeane: Meersalz. Es hat sich mit den Schalen der Kieselalgen verbunden und in der Wüste eine Ewigkeit überdauert.

Dann kommt der Wind. Stürme wirbeln den Sand der Danakil-Wüste mehrere Kilometer hoch in die Atmosphäre und tragen ihn zusammen mit den noch größeren Mengen aus der Bodélé-Senke und anderen Trockengebieten quer über den Atlantik. Wenn die Windrichtung stimmt, landet der Staub schließlich im Amazonasbecken, im größten Regenwald der Erde. Einige Bäume überragen die anderen, recken sich bis zu 70 Meter hoch in den Himmel. Ohne den Wüstenwind aus Afrika hätten sie gar nicht genug Nährstoffe, um so groß zu werden. Trotz der wuchernden Pracht, die auf ihr gedeiht, ist die Dschungelerde nämlich karg. Erst die Mineralstoffe, die mit den Kieselalgen über den Atlantik geflogen sind, bringen den nötigen Dünger.

Der uralte Kreislauf

Aus der Krone eines Urwaldriesen schweift der Blick über den immer noch fast endlosen Dschungel. An den meisten Tagen des Jahres spannt sich von Horizont zu Horizont ein Wolkenschirm. Es sind Wald-Wolken. Die Bäume haben sie geschaffen, jeden einzelnen kann man sich wie eine Wasserpumpe vorstellen, die Feuchtigkeit aus dem Boden holt und in die Luft verdunstet. In den Wolken über dem Kronendach sammelt sich eine unvorstellbare Menge Wasser. Der Wolkenschirm blockt Sonnenstrahlen ab, verhindert, dass der Boden austrocknet, und wirkt als Klimaanlage für die ganze Erde. Er beeinflusst den interkontinentalen Wolkenstrom und auch jenen Niederschlag, der woanders auf dem Planeten fällt. Zum Beispiel ganz im Süden der Erdkugel, in der Antarktis. Hier kommt er als Schnee vom Himmel. Er lässt über Hunderttausende Jahre hinweg kilometerdicke Eispanzer wachsen. Langsam fließen sie zur Küste und laden dort ihre Staub- und Geröllfracht ins Meer ab. So wie am Rande des Ekström-Schelfeises, von wo aus man dabei zusehen kann, wie der Wind die Eisberge auf den Ozean hinaustreibt. So wie am anderen Ende der Welt, in der Arktis, vor Grönlands Küste. Egal wie weit und wohin ein Mensch auf dieser Welt reist: Es ist immer eine Reise zu den Kieselalgen, die uns am Leben erhalten.

Das ganze System bewegt riesige Mengen von Mineralstoffen, Wasser und Energie um den Globus. Wenn hier etwas durcheinandergerät, spürt man das früher oder später überall. Dennoch sind wir dabei, den Kreislauf massiv zu stören, indem wir die Ozeane mit Plastik, Öl und anderen Giften verschmutzen. Auch die Treibhausgas-Emissionen stören die Chemie in den Meeren, die einen großen Teil des zusätzlichen CO_2 aufnehmen. Im Wasser entsteht so Kohlensäure, die den Aufbau der Kieselalgen-Schalen und damit ihre Fortpflanzung hemmt.

Der Anstieg der Wassertemperaturen bringt zusätzliche Probleme. Seit 1950 hat sich die Biomasse pflanzlichen und tierischen Planktons in den Ozeanen fast halbiert. Weil das kurzlebige Plankton ausgesprochen schnell auf physikalische und chemische Veränderungen im Meer reagiert, sind die Veränderungen in diesem über Ewigkeiten eingespielten biologischen System so deutlich zu spüren. Sollte dieser gewaltige biochemische Kreislauf irgendwann mal zum Erliegen kommen, würde das Leben, so wie wir es kennen, aufhören zu sein.

Auf der Erde ist tatsächlich alles miteinander vernetzt, nirgendwo auf dem Planeten geschieht etwas, das nicht anderswo

Folgen hätte. Wir sind Teil eines globalen Lebenserhaltungssystems, das sich ständig selbst wartet, erneuert und verändert. Unser Planet ist wie die griechische Göttin Gaia, die das Leben nicht nur schafft, sondern auch versorgt und erhält. Sie wird damit zur Verkörperung des Lebens an sich. So gesehen gibt es kein Leben *auf* der Erde – die Erde *ist* das Leben.

Wir tendieren dazu, bei unseren Analysen und Entscheidungen nicht auf ganze Natursysteme zu blicken, sondern nur auf einzelne Teile davon. Wir suchen nach überschaubaren Zusammenhängen von Ursache und Wirkung, die wir direkt beeinflussen können. Dabei verlieren wir oft aus dem Blick, wie komplex die Zusammenhänge auf dem Planeten sind und wie sehr wir davon abhängen, dass sie funktionieren. Der Kieselalgenzyklus ist nur eines von unendlich vielen Beispielen dafür.

Die unwahrscheinliche Blaue Murmel

Dass es auf unserem Planeten überhaupt Leben gibt, ist ein atemberaubender Zufall, denn dafür musste sich ein Geflecht von astronomischen, geologischen, chemischen und biologischen Wechselwirkungen entwickeln. Dieses System benötigte viele hundert Millionen Jahre, um sich einzuspielen, und seine Funktionsweise verstehen wir höchstens in Ansätzen. Wir dürfen nicht annehmen, es sei unzerstörbar. Im Gegenteil. Manchmal reicht schon ein fehlendes Bauteil, und das ganze Haus des Lebens bricht zusammen. So wie auf dem Mars.

Es gibt kein Leben mehr auf dem Mars. Vielleicht kümmern irgendwo unter den gefrorenen Marspolen noch ein paar Mikroben vor sich hin. Aber pralles Leben sieht anders aus. Dabei hat der Mars einmal ganz vielversprechend angefangen. Die Schwerkraft ist zwar ein bisschen schwach, könnte aber eine Atmosphäre halten, der Abstand zur Sonne ist lebensfreundlich. Einst besaß der Mars flüssiges Wasser und eine dichte Gashülle. So entstanden möglicherweise einfache Lebensformen auf dem Roten Planeten. Bevor sich jedoch komplexe Organismen entwickeln konnten, ist die Sache schiefgelaufen. Weil eine geologische Zutat fehlte: die weiche Planeten-Füllung.

Die Erde ist im Prinzip wie eine Praline aufgebaut. Halbwegs stabile Schale, darunter eine weiche Creme und ganz in der Mitte ein fester Kern. Weil sich das geschmolzene Gestein im Erdinneren – die Creme – zwischen Kern und Schale bewegt, entsteht ein Magnetfeld, das die Erde umgibt. Und dieses Magnetfeld hält uns tödliche Strahlungen und den gefährlichen Sonnenwind vom Leib. Der Mars hingegen ist einfach nur ein Felsbrocken ohne Magnetfeld. Also konnte der Sonnenwind nach und nach die Atmosphäre hinaus ins All blasen. Ohne Atmosphäre verschwand auch das Wasser und damit die Grundlage für eine komplexe Evolution. Keine grünen Männchen.

Die Voraussetzungen, die ein Planet bieten muss, damit Fische durchs Wasser schwimmen, Vögel durch die Luft segeln und Sie jetzt gerade dieses Buch lesen können, sind komplex. Bleiben wir beim Mars. Selbst mit Atmosphäre und Wasser würde aus seinem Staub kein fruchtbarer Boden werden. Auf dem Roten Planeten wären die Schätze aus den Tresoren der Millennium Seed Bank in West Sussex völlig wertlos. Selbst wenn Astronauten ein paar Blumentöpfe mit Marsstaub füllten und nach Hause auf die Erde brächten, würde in dem Staub zunächst einmal nichts gedeihen. Falls Sie gerade etwas Marserde zur Hand haben, versuchen Sie es mal und legen ein Weizenkorn hinein und gießen es, dann werden Sie sehen: Das funktioniert nicht. Mutterboden besteht nämlich zu einem großen Teil aus pflanzlichem Material, das es auf dem Roten Planeten eben nicht gibt. Das ist der Unterschied zwischen Mars-Erde und Erde-Erde. Die eine ist tote Materie, während die andere die lebensspendende Kraft der Vielfalt enthält. Die Biosphäre ist ein nur wenige Kilometer schmaler Bereich zwischen Erdgestein und Weltraum – in diesem engen Korridor spielt sich alles ab, was wir Leben nennen.

Lebendige Erde

Begriffe wie Mutter Erde und Mutterboden lassen die Fruchtbarkeit dieses einzigartigen Stoffes schon anklingen und sind dabei noch untertrieben. In einer Handvoll Erde können mehr Lebewesen existieren als Menschen auf dem ganzen Planeten. Dazu gehören Amöben, Geißeltiere, Fadenwürmer und Tausendfüßer, Bakterien, Pilze, Flechten und Algen, dazu kommen Milben und andere Krebs- sowie Asseln und andere Spinnentiere, zahllose Insekten genauso wie Wühlmäuse, Maulwürfe und Regenwürmer. Dieses unterirdische Gewimmel ist Folge eines Wunders, das sich in jedem Moment zwischen Lithosphäre und Atmosphäre bestaunen lässt. Denn wo zerkleinertes Gestein in Berührung mit Humus kommt, verwandeln sich

Steine in Lebewesen. Wenn sie sich zersetzen, gelangen Mineralien in den Boden, die wichtige Nährstoffe für Pflanzen sind. Deren Wurzeln produzieren Kohlenstoffdioxid, daraus wird mit Wasser Kohlensäure, und die beschleunigt dann wiederum die chemische Verwitterung der Steine. Neue Erde entsteht, der Kreislauf des Lebens ist geschlossen. Und wir können Erntedankfest feiern.

»Die Erde lebt« ist wörtlich zu nehmen. Das ahnte schon Charles Darwin. Bekannt ist er natürlich für seine Evolutionstheorie. Doch mindestens genau so leidenschaftlich arbeitete er jahrzehntelang an seinem nicht ganz so bekannten Werk *Die Bildung der Ackererde durch die Tätigkeit der Würmer*. Darwins Lieblingstier war der Regenwurm, und seine Studien führten zu einem Paradigmenwechsel in der Landwirtschaft, hatten die Würmer doch bis dahin als Schädlinge gegolten.

Die meisten Untergrundwesen sind aber so klein, dass sie sogar Darwins Aufmerksamkeit entgangen sein dürften. Weil es so unendlich viele von ihnen gibt und weil sie Kohlenstoff in Biomasse verwandeln, ist in der Erde schätzungsweise doppelt so viel Kohlenstoffdioxid gespeichert wie in der gesamten Atmosphäre. Sie sind wichtige Verbündete im Kampf gegen die Klimakrise und machen gleichzeitig aus sterilem Staub lebendigen Mutterboden. Regenwürmer allein können kein Kohlenstoffdioxid binden, sie können aus Marsstaub keine Erde machen, mit ihnen allein wären Ackerbau und Viehzucht unmöglich. Keine Art allein kann das. Erst wenn Tausende Spezies zusammenwirken, wenn viele Tiere, Pilze und Pflanzen und deren Stoffkreisläufe ineinandergreifen, wird der Boden fruchtbar. Wer das versteht, erhascht einen ersten Blick auf das Wunder der Vielfalt des Lebens, die Biodiversität. Sie ist mehr als die schlichte Addition aller Pflanzen und Tiere. Sie ist das überwältigende Gesamtbild des Lebens.

Drei Säulen der Vielfalt

Biodiversität ist ein Mosaik aus unüberschaubar vielen Steinchen, riesig großen und winzig kleinen, die sich in drei Kategorien unterteilen lassen. Da ist erstens die Vielfalt der Ökosysteme, also der Lebensräume wie Wälder, Flüsse, Meere oder Almwiesen. Alleine in Deutschland gibt es 800 verschiedene Typen von Biotopen. Die Liste reicht von Ästuarien, also Flussmündungen mit Brackwasser, Sandbänken, Schlickgrasbeständen über trockene Heiden, lebende Hochmoore und Kalktuffquellen bis hin zu Kalkschiefer-Schutthalden, Hangmischwäldern und Gletschern. In dem einen fühlt sich der Rotfuchs wohl, in einem anderen die Miesmuschel und in dem nächsten vielleicht der Dunkle Ameisenbläuling. Keine Pflanze und kein Tier kann all die unterschiedlichen Lebensräume bewohnen. Jeder einzelne ist Heimat einer einzigartigen Lebensgemeinschaft von Pflanzen, Tieren, Pilzen und Mikroben.

Der zweite Baustein ist die Vielfalt der Arten. Auf den Galapagos-Inseln leben 18 Arten von Darwinfinken. Sie alle stammen von gemeinsamen Vorfahren ab. Auseinanderentwickelt haben sie sich, weil sie verschiedene Inseln besiedelt haben und die einzelnen Populationen sich geografisch getrennt voneinander fortpflanzen. So können sich auf der einen Insel zufällige Merkmale vererben, die auf der anderen nie aufgetaucht sind. Außerdem fressen die Arten unterschiedliche Nahrung und verfolgen verschiedene Überlebens- und Fortpflanzungsstrategien. Die einen locken Weibchen mit bunteren Federn, die anderen mit lauterem Gesang, wieder andere haben einen dickeren Schnabel, mit dem sie besser Kerne knacken können. Die Erfolgreichsten zeugen mehr Nachkommen, ihre Merkmale setzen sich durch.

Die Vielfalt der Arten wird oft synonym mit Biodiversität verwendet, aber das ist verkürzt: Wenn die Menschheit von jeder Tier-, Pilz- und Pflanzenart jeweils hundert Individuen in einem Zoo oder botanischen Garten sammeln würde, gäbe es zwar kein Artensterben. Aber die tatsächliche Biodiversität wäre nur noch auf einen kümmerlichen Rest zusammengeschmolzen – abgesehen davon kann kaum eine Art langfristig überleben, wenn ihre Population erst einmal so klein ist. Noahs Arche hätte in Wirklichkeit nie funktioniert. Seine tierischen Passagiere wären ausgestorben.

Die unterste Ebene der Biodiversität bilden die Gene. Weil jedes Lebewesen ein einzigartiges Genom hat, unterscheidet es sich auch von jedem anderen. Der eine Ameisenbläuling mag zwar dem anderen sehr, sehr ähnlich sein. Genau gleich ist er aber nicht. Meist unterscheiden sich Individuen einer Art nur ein winzig kleines bisschen voneinander, aber im täglichen Überlebenskampf kann das einen Unterschied machen. Die genetische Vielfalt ist der Rohstoff, mit dem die Evolution die Vielfalt des gesamten Lebens baut. Dabei kann aus wenig viel werden: So stammen alle heutigen Kühe aller Hausrindrassen von insgesamt nur rund achtzig weiblichen Tieren ab, die einst im Nahen Osten gelebt haben. Und das Genom einer einzelnen Maus enthält mehr Informationen als jede jemals gedruckte Ausgabe der *Encyclopædia Britannica*.

Das Konzert des Lebens

Man kann sich ein Ökosystem wie eine Opernaufführung vorstellen: ein Ensemble von Sängerinnen und Sängern auf einer eigens für solche Aufführungen gebauten Bühne, dazu ein Chor, im Graben mehr als achtzig Musikerinnen und Musiker, davor eine Dirigentin, dahinter ein aufwendiges Bühnenbild, es gibt maßgeschneiderte Kostüme und bergeweise Requisiten zu bestaunen – und das ist nur das, was die Zuschauer sehen. Im Hintergrund arbeiten Hunderte Malerinnen, Maskenbildner, Schuhmacherinnen, Fundusverwalter, Hutmacher, Kostümschneider, Pförtner, Souffleusen. Das Herzstück ist die Musik, geschrieben als komplexe Partitur über viele Seiten. Erst wenn alle zusammenarbeiten und sich alles zusammenfügt, entsteht eine Oper.

Was aber passiert, wenn statt 32 Geigen im Orchestergraben nur 31 spielen? Wenn die Pauke ihren Einsatz verbummelt? Wenn nicht nur eine Geige ausfällt, sondern alle Streicher gleichzeitig? Wenn niemand dirigiert? Die Solisten nicht singen? Das Licht erlischt, die Kulissen zusammenfallen, das Orchester nur noch aus zwei Klarinetten besteht?

Ab wann wird aus einer Oper Chaos?

Schwer zu sagen. Dabei ist eine Opernaufführung im Vergleich zu einem Korallenriff, einem Hochmoor oder einem Mangrovenwald ungefähr so komplex wie ein 100-Teile-Puzzle im Vergleich zum Teilchenbeschleuniger des CERN, wo mehr als 12 000 Wissenschaftlerinnen und Wissenschaftler Hand in Hand arbeiten müssen, um die Megamaschine mit ihren Millionen Bauteilen am Laufen zu halten. Wir wissen nicht, wie viele Bauteile wir aus der Maschine des irdischen Lebens entfernen können, bevor sie aufhört zu funktionieren. Wir wissen nicht, wo genau die Kipppunkte liegen, wie viele Arten noch aussterben können, bevor es auch für uns Menschen lebensgefährlich wird.

Eine Rechtfertigung für unsere Untätigkeit und Ignoranz ist dieses Nichtwissen keinesfalls. »Angesichts der Gefahr irreversibler Umweltschäden soll ein Mangel an vollständiger wissenschaftlicher Gewissheit nicht als Entschuldigung dafür dienen, Maßnahmen hinauszuzögern.« Dieser Satz wurde vor über einem Vierteljahrhundert geschrieben, auf dem Umweltgipfel von Rio 1992. Er beschreibt das Vorsorgeprinzip, das alle beschwören – und an das sich niemand hält.

Nicht alle Arten sind gleich wichtig

Auch wenn jede Art eine Funktion in ihrem Ökosystem hat, sind manche doch wichtiger als andere. Sie sind die systemrelevanten Spezies. Verschwindet in einem Korallenriff eine Art von Putzerfischen, können wahrscheinlich andere Fische ihre Aufgabe übernehmen. Funktionelle Redundanzen nennen Biologinnen und Biologen das – die eine Art kann die Arbeit der anderen mit erledigen. Kommen aber immer weniger Haie ans Riff, können sich Riffbarsche oder Barracudas vermehren. Diese machen vor allem Jagd auf Papageifische, die wiederum die Algen von den Korallen knabbern. Ohne Papageifische ersticken die Korallenpolypen unter den Algen, und das Riff beginnt zu sterben. Dann leiden alle Arten, *Homo sapiens* inklusive – denn weltweit hängt die Ernährung von rund einer halben Milliarde Menschen vom Fischreichtum der Korallenriffe ab. Außerdem geht dann der natürliche Küstenschutz verloren, der mindestens 300 Millionen Menschen von Stürmen und Wellen abschirmt. Wir wissen das zwar, tun aber dennoch zu wenig für den Schutz der Küsten. Ein Fünftel aller Riffe sind bereits verschwunden, weitere 40 Prozent sind bedroht. Nehmen Versauerung und Erwärmung der Ozeane weiterhin so schnell zu wie im Moment, werden noch in diesem Jahrhundert die allermeisten Korallenriffe sterben.

Auch deshalb wäre es eine gute Idee, Haie in Ruhe zu lassen. Aber trotzdem sterben schätzungsweise 100 Millionen pro Jahr – weil in Asien ihre Flossen begehrt sind, weil sie als Beifang sterben, weil Haie zu Schwertfischen umdeklariert werden, weil sie gefangen und bis zur Unkenntlichkeit klein geschnitten, paniert und frittiert in Fischsnacks landen, auch in Imbissbuden in Europa.

All die Gene, Arten und Ökosysteme machen zusammengenommen also die Vielfalt des Lebens aus. Nur wenn alle drei Vielfalten gegeben sind, stellt uns die Erde all das zur Verfügung, was wir zum Leben brauchen. Genug zu essen, zu atmen und zu trinken.

Tomaten im Winter

Menschliche Eingriffe in die Naturkreisläufe können auf den ersten Blick sinnvoll erscheinen, weil sie die Produktivität der Erde erhöhen. Seit Fritz Haber und Carl Bosch ihr als »Brot aus Luft« gepriesenes Verfahren zur Synthese von Ammoniak erfanden, dopen wir unsere Äcker mit künstlichem Dünger. Moderne Bewässerungstechniken können buchstäblich die Wüste ergrünen lassen. Aber oft führen solche Innovationen langfristig zu einer Minderung der Ökosystemleistungen. Zu viel Kunstdünger zerstört die Fruchtbarkeit der Böden und tötet Regenwürmer, zu viel Bewässerung senkt den Grundwasserspiegel und fördert die Versalzung der Böden. Manchmal sind die Schäden irreparabel.

Europas größte Gemüsefabrik in der spanischen Region Almeria ist ein besonders krasses Beispiel dafür. Die Gegend rund um das Örtchen El Ejido ist zu trocken, um durstige Pflanzen wie Tomaten, Paprika oder Avocado unter freiem Himmel anzubauen. Sie werden unter Plastikfolien großgezogen, um die Feuchtigkeit erhalten, und so können sie auch im Winter wachsen. Die Gewächshäuser haben die Ausmaße von Flughafenterminals, stehen dicht an dicht und bilden das »mar de plástico«, das weltweit größte Plastikmeer, dreimal so groß wie Paris. Auf Satellitenaufnahmen sieht es so aus, als habe sich ein Riesengletscher ans Mittelmeer verirrt. Der immense Wasserverbrauch lässt den Grundwasserspiegel immer weiter fallen, die Wüste breitet sich aus. Selbst wenn der Gemüseanbau in El Ejido morgen gestoppt würde, bliebe das Problem bestehen. Die Böden blieben salzig, der Grundwasserspiegel stiege in absehbarer Zeit nicht mehr an. Das ist kein regionales Problem: Ob in Nordchina, Nordindien, dem Iran oder dem kalifornischen Central Valley, überall dort, wo die Böden übernutzt werden, drohen sie verloren zu gehen. Viele Milliarden Tonnen Muttererde, die ohne schützende Pflanzenschicht daliegen, verschwinden jedes Jahr, weil sie vom Wind davongetragen werden. Auf der Erde wird die Erde knapp.

Doch der fruchtbare Mutterboden ist die Haut unseres Planeten. Einmal zerstört, ist sie kaum wieder zu reparieren. Um auch nur einen Zentimeter Humus aufzubauen, dauert es je nach Region viele Jahrzehnte oder sogar Jahrhunderte. Dabei bildet er zusammen mit den Meeren buchstäblich den Nährboden des Lebens, das Zentrum der Biosphäre.

Nichts auf der Welt funktioniert ohne Natur, nicht die Börsenkurse oder der Netflix-Stream auf dem MacBook. Auch kalifornische Konzerne aus dem Silicon Valley hängen von Ressourcen ab, weil sie Rohstoffe und Elektrizität benötigen und weil ihre Mitarbeiter wie alle Menschen atmen, essen und trinken müssen. Die Produktivität der Natur ist für Apple genauso existenziell wie für einen norddeutschen Apfelbauern. Doch inzwischen gerät ein wichtiger Kreislauf nach dem anderen durcheinander.

Im Jahr 2019 fiel der *Earth Overshoot Day,* also der Tag, an dem wir alle Ressourcen verbraucht haben, die von der Erde innerhalb eines Jahres bereitgestellt werden können, auf den 29. Juli. Vor zwanzig Jahren lag er noch auf dem 1. November. Insgesamt entnimmt die Menschheit ihrem Heimatplaneten schon seit vier Jahrzehnten mehr Ressourcen, als dieser erneuern kann, vor allem Kohle, Öl und Gas. Wir finanzieren unseren Wohlstand mit Fossilien, die entstanden sind, als es noch gar keine Menschen gab. Dabei verwandeln wir geologische Zeit in Menschenzeit: Es hat Jahrmillionen gedauert, bis die Bodenschätze entstanden sind – und wir verfeuern sie in wenigen Jahrhunderten.

Weil nun das Tempo der Entnahme dauerhaft höher ist als die Regeneration, droht der ökologische Ruin. Das ist in etwa so, als würde jemand täglich Geld von einem Sparbuch abheben, das seine Großeltern ihm vermacht haben, ohne dass er jemals etwas einzahlt. Der Bankrott ist früher oder später unvermeidlich.

Wir verbrauchen anderthalb Planeten

Die Erde ist zu klein für unseren Lebensstil. Sie setzt uns enge Grenzen. Ein Team um den Resilienzforscher Johan Rockström hat vor rund zehn Jahren erstmals versucht, diese Belastungsgrenzen zu definieren. Es beschrieb neun planetare Grenzen. Wenn wir sie dauerhaft überschreiten, verlassen wir den Bereich, in dem wir sicher leben können (siehe Grafiken im Mittelteil).

Nicht alle dieser neun Grenzen müssen überschritten werden, um unsere jetzige Zivilisation zu vernichten. Eine reicht schon. Ohne genug Süßwasser beispielsweise wären wir geliefert. Die acht weiteren Bereiche sind das Ozon, die Versauerung der Ozeane, der Klimawandel, die Luftverschmutzung, die biogeochemischen Kreisläufe wie etwa der Wasser- oder der Kohlenstoffkreislauf, der Landverbrauch, die Verschmutzung der Erde mit neuartigen Substanzen wie Plastik und die Biodiversität.

Solange wir die Belastungsgrenzen dieser Bereiche nicht überschreiten, solange wir innerhalb der sicheren Zone bleiben, brauchen wir uns keine Gedanken zu machen. Doch sobald wir die Grenzen überschreiten, steigt das Risiko, dass das über Millionen Jahre eingespielte Gefüge ins Wanken gerät. Je mehr wir am System herumdoktern, desto größer die Gefahr für uns.

Sieben der neun planetaren Grenzen konnten bisher quantifiziert werden. Lediglich für die tolerierbare Verschmutzung der Erde mit neuartigen Substanzen wie Plastik oder Nanopartikeln und die Luftverschmutzung konnte die Wissenschaft bisher keine Schmerzgrenzen festlegen, obwohl es sie definitiv gibt und sie möglicherweise schon erreicht sind. Bei der Süßwassernutzung und der Ozeanversauerung kann unser Planet die Schläge, die wir ihm verpassen, noch halbwegs wegstecken. Die anderen sechs Bereiche sind allesamt im roten Bereich, wobei der Klimawandel und die biogeochemischen Kreisläufe uns schon sehr große Sorgen machen müssen. Der Biodiversitätsverlust jedoch hat ein Ausmaß erreicht, für das es nur noch ein Wort gibt: katastrophal.

Unsere Eingriffe in das selbstregulierende, empfindliche System bringen es weit aus dem Gleichgewicht. Und zwar so gewaltig, dass es unmöglich ist, den Schaden wieder komplett zu reparieren. Die Erde beginnt sich neu zu organisieren, und natürlich nimmt sie dabei keine Rücksicht auf uns. Wir verhalten uns wie Parasiten, und unser Wirt ist dabei, uns abzuschütteln.

Warum uns unsere Erfindungen nicht retten werden

Beim weltweiten Insektensterben wird das besonders deutlich. In der Krefeld-Studie, der bisher wohl umfassendsten Untersuchung zu diesem Thema, kamen die Forschenden auf erschreckende Zahlen. In den von ihnen untersuchten Revieren in Deutschland ist die Biomasse der Fluginsekten innerhalb von drei Jahrzehnten um bis zu 75 Prozent zurückgegangen. An den sogenannten Malaise-Fallen, in denen die Entomologen fliegende Insekten wie Mücken, Bienen und Falter fangen, ist immer wieder das Brummen von Traktoren zu hören. Die Messungen erfolgten zwar in Naturschutzgebieten, doch die liegen eingebettet in intensiv genutzten landwirtschaftlichen Flächen. Und dort vermutet die Wissenschaft auch den Hauptverursacher: Monokulturen, Pestizide und Herbizide dezimieren die Insekten, außerdem erzwingen neue Anbaumethoden eine immer gleichförmigere Landschaft ohne Hecken, Tümpel und Baumgruppen. Es waren technische Fortschritte, die »grüne Revolution«, mit denen wir die Erträge der Landwirtschaft erheblich erhöht haben. Bittere Ironie, wenn nun dadurch die Insekten vernichtet werden, auf deren Bestäubung ein Großteil der Landwirtschaft angewiesen ist, insbesondere die Pflanzen, die uns mit lebenswichtigen Vitaminen versorgen. Die Studie hat für reichlich Aufsehen gesorgt, denn die Nahrungsversorgung steht auf dem Spiel – und das ist politischer Sprengstoff.

Forschungsarbeiten auf anderen Kontinenten liefern inzwischen ähnliche Ergebnisse wie die Krefelder Studie. In der Folge des Insektenschwunds sterben auch die Vögel, weil viele sich von Insekten ernähren. Beispiel Nordamerika: Dort sind seit 1970 etwa drei Milliarden Vögel »verschwunden«. Ein Viertel des Gesamtbestandes. Den Verlust von einzelnen Vogel- oder Säugetierarten können Ökosysteme oft einigermaßen ausgleichen, doch Insekten sind systemrelevant.

Das Problem ist bereits sehr real. In einigen Regionen Chinas müssen Landarbeiter Obstbäume mittlerweile per Hand bestäuben (was aber nicht nur am Insektensterben liegt). Bestäuber sind so wichtig, dass in Forschungslaboren, unter anderem dem weltberühmten Massachusetts Institute of Technology in den USA, inzwischen sogar Roboterbienen entwickelt werden. Die stecken technisch noch im Larvenstadium, sind extrem teuer und ein Erfolg ist ungewiss. Aber selbst wenn es gelänge: Keiner weiß, ob eine Plastikbiene am Ende vergleichbare Erfolge erzielen würde wie das Teamwork von dutzenden Fluginsektenarten, die Millionen Jahre lang Zeit hatten, sich auf Wind und Regen, auf Kälte und Wärme, auf unterschiedliche Blütengrößen und verschiedene Früchte, auf flatternde Blätter und fallende Äste, auf Vögel und Schädlinge, auf alle Unwägbarkeiten des Lebens einzustellen. Und die außerdem ganz kostenlos sind.

Erfindungen können zwar Fortschritt bringen, aber es gibt keine Lösung ohne ein neues Problem. Asbest machte erst Wände feuerfest und dann Krebs. Das Insektengift DDT tötete erst Schädlinge und dann auch die Vögel. Künstlicher Ammoniak düngte erst die Äcker und dann die Todeszonen in den Meeren. Atomkraft war erst die Zukunft und bald die Angst-Technologie. Gemessen an der Eleganz, Kreativität und Effizienz, mit der die Natur Dinge erledigt, ist die menschliche Ingenieurleistung bestenfalls eine müde Kopie.

Die Umwelt muss immer zahlen

Kaiser Wilhelm II. meinte noch Anfang des 20. Jahrhunderts: »Das Automobil ist eine vorübergehende Erscheinung. Ich glaube an das Pferd.« Und sogar Gottlieb Daimler, der als Erfinder des modernen Verbrennungsmotors gelten kann, verschätzte sich: »Die weltweite Nachfrage nach Automobilen wird eine Million nicht überschreiten – allein schon aus Mangel an verfügbaren Chauffeuren.« Unser Blick in die eigene Zukunft ist erbärmlich kurzsichtig. Wir können also nicht viel mehr tun, als einfach das zu lassen, was wir nicht verstanden haben, was nicht funktioniert. Wir müssen wenigstens offensichtliche Fehler vermeiden.

Selbst wenn wir Öl, Kohle und Gas durch Solarenergie, Windanlagen, Wasserkraft und weitere nachhaltige Technologien vollständig ersetzen könnten, was ganz bestimmt sinnvoll wäre, würde uns das Doppelwachstum von Bevölkerung und Konsum doch immer wieder in die Zange nehmen. Wenn wir eine Ressource einsparen, brauchen wir mehr von einer anderen. Von den 118 chemischen Elementen im Periodensystem gelten 44 inzwischen als knapp, neun werden wohl innerhalb weniger Jahrzehnte dramatisch selten sein, auch weil sie in Elektroautos, Smartphones und Solarzellen verwendet werden.

Seltene Erden, die für viele Zukunftstechnologien gebraucht werden, kommen im Boden meist nur in geringen Konzentrationen vor, für wenige Gramm Ertrag muss sehr viel Gestein abgebaut, kleingemahlen und chemisch behandelt werden. Die Umweltschäden sind oft dramatisch. Coltan, ohne das

Smartphones kaum vorstellbar sind, kommt häufig aus Minen im Regenwald des Kongo. China hat ein Quasimonopol auf seltene Erden, was schon jetzt die internationalen Beziehungen mit zusätzlichen Spannungen auflädt. Dass wir uns aus der Klimakrise herausfinden können, ohne neue Probleme zu schaffen, ist leider nur ein schöner Traum. Muss es dann nicht tatsächlich »Grenzen des Wachstums« geben?

Das Internet als Klimakiller?

Wer diese Frage googelt, erhält zwar keine Antwort, aber über zehn Millionen Treffer. Es heißt, so eine Suchanfrage würde 0,3 Wattstunden Energie verbrauchen. Das ist wenig. Aber bei mehreren Millionen Suchanfragen pro Minute wird daraus eine Energiemenge, mit der sich ganze Städte hell erleuchten lassen. Wenn das Internet ein Land wäre, gehörte es zu den Top Ten der Energieverbraucher, in einer Liga mit Staaten wie den USA, China, Indien, Russland, Japan oder Deutschland. Nach Berechnungen des Thinktanks The Shift Project verbrauchte die gesamte Internet- und Kommunikationstechnologie im Jahr 2019 mehr als 3600 Terawattstunden, also fast 1000 mehr als die gesamte Industrienation Deutschland. Und während in vielen Wirtschaftsbereichen langsam (zu langsam!) der Energiebedarf zu sinken beginnt, wächst der Energiehunger der digitalen Welt um neun Prozent pro Jahr. Allein die Streamingdienste seien nach Annahme des Shift Project für etwa 300 Millionen Tonnen CO_2 pro Jahr verantwortlich, das entspricht immerhin fast einem Drittel der Emissionen des globalen Luftverkehrs. So gesehen sind Katzenvideos fast so klimaschädlich wie Flugreisen.

Die Digitalisierung kann viel, Stromsparen kann sie bisher nicht. Mit dem jährlichen Stromverbrauch der Kryptowährung Bitcoin könnte man auch ganze Städte wie Hamburg oder Las Vegas versorgen. Google, Facebook, Amazon, Apple, Microsoft und die anderen Digital-Giganten sind entscheidende Spieler im globalen Energie-Monopoly geworden. Nach eigenen Angaben ist Google inzwischen der größte Abnehmer erneuerbarer Energie auf der Welt. Das Unternehmen kauft pro Jahr 2,6 Gigawatt Elektrizität und freut sich, das sei mehr als doppelt so viel, wie Marty McFly brauchte, um im Kultfilm der 1980er-Jahre *Zurück in die Zukunft* zu reisen.

Der Wert der Welt in Dollar

Es fühlt sich für den Nutzer am Handy zwar nicht so an, aber jedes Wischen und Tippen auf dem Display hat irgendwo auf der Welt ganz handfeste physikalische Folgen. Da wird Kohle verbrannt, ein Atomkraftwerk angefahren, ein Fluss gestaut, eine Windkraftanlage gebaut oder eine Photovoltaikzelle zur Sonne ausgerichtet, nur weil man auf dem Display nach oben scrollt. Auf Island planieren Bagger den Boden für einen neuen Serverpark, in Russland hebt eine Trägerrakete mit Kommunikationssatelliten ab, und im Kongo schaufeln schwitzende Männer, Frauen und Kinder Coltanerz. Moderne Technologie kann uns nicht von den Naturkreisläufen entkoppeln. Im Gegenteil: Die internationale Börse ist sogar tiefer in das weltweite Netz ökologischer Systeme verwoben, als es ein afrikanischer Bauernmarkt je sein könnte, weil der Wertpapierhandel die gesamte Weltwirtschaft abbildet und nicht nur den Ernteertrag in einem einzigen Tal in Kenia.

Die Naturleistungen, die all dem zugrunde liegen, stellt die Erde uns bisher ganz kostenlos zur Verfügung. Den Wert dieser Ökosystemleistungen schätzt die Naturschutzorganisation WWF auf 112 Billionen Euro pro Jahr. Das ist mehr als die Staatseinnahmen aller Länder der Erde zusammengerechnet. Und das ist bloß die ökonomische Betrachtung.

Unsere direkten Lebensgrundlagen wie Atemluft, Trinkwasser und Nahrung sind nicht einfach da. Wir verdanken sie 70 Meter hohen Urwaldriesen, Eichenwäldern, Schlehensträuchern und Almwiesen, Maulwürfen, mikroskopisch kleinen Knöllchenbakterien und dem knolligen Zyperngras. Die Vielfalt des Lebens ist die Grundlage für Gesundheit, Wohlstand, Ernährung und Sicherheit auf der Welt. Wenn sie zerstört wird, gehen wir unter. So wie die Dinos.

Denken Sie an diesen Tag vor ungefähr 66 Millionen Jahren. Ein Feuerball erscheint am Himmel. Anfangs ist er nur klein, doch er wird schnell immer größer: ein Asteroid. Als er auf die Erde prallt, entfaltet er eine solch ungeheure Energie, dass er selbst und riesige Mengen Gestein sofort verdampfen. Megatsunamis rollen um den Globus, Feuerstürme lassen die Vegetation noch 1500 Kilometer entfernt in Flammen aufgehen, Erdbeben, Vulkanausbrüche, Druck- und Hitzewellen schießen durch die Luft. Vor allem aber schleudert der Einschlag genug Staub, Ruß und Schwefel in die Atmosphäre, um das Sonnenlicht abzublocken. Wurden manche Regionen der

Erde erst buchstäblich gegrillt, wird es nun so kalt und dunkel, dass die Photosynthese der meisten Pflanzen nicht mehr richtig funktioniert. Das Leben auf der Erde stürzt in die Krise. Bis zu drei Viertel aller Arten zu Land, zu Wasser und in der Luft werden vernichtet. Ein Massenaussterben unvorstellbaren Ausmaßes. Es war allerdings nicht das größte Massenaussterben, auch nicht das erste. Und es wird auch nicht das letzte sein.

Wir sind kein Asteroid – oder doch?

Als der Asteroid auf der Halbinsel Yucatán in Mexiko einschlug, hatte die Erde schon eine ganze Reihe von Lebenskrisen hinter sich. Big Five werden die fünf größten Katastrophen flapsig genannt. Es ist zwar keine streng akademische Definition, aber gemeinhin wird von einem Massenaussterben gesprochen, wenn in geologisch kurzer Zeit mindestens drei Viertel aller Arten ausgelöscht werden. Das ist im Ordovizium passiert, im Devon und jeweils am Ende von Perm, Trias und Kreidezeit. Fünf Mal also. Auf der Liste der Hauptverdächtigen stehen Vulkanismus, Klimakrisen, Sauerstoffmangel und der Einschlag von Himmelskörpern. Jede dieser Ursachen hat einen sogenannten Faunenschnitt erzwungen, also einen teilweisen Neustart der tierischen Evolution. Es dauerte dann jeweils mehrere Millionen Jahre, bis die Artenvielfalt wieder ein ähnliches Niveau wie vor der Katastrophe erreicht hatte. Wir selbst sind das Produkt eines solchen Faunenschnitts, der die Dinosaurier beseitigt und dadurch die Entwicklung der

Säugetiere begünstigt hat. Insofern war der Asteroid für uns sogar eine gute Sache. Es wäre allerdings schlecht für unsere Art, wenn jetzt nochmal eine ähnliche Katastrophe die Erde träfe. Doch genau das passiert gerade.

Auch wenn das derzeitige Massensterben erdgeschichtlich sehr schnell abläuft: Der Mensch ist kein Asteroid. Im Gegensatz zu den Dinosauriern können wir unsere Geschicke beeinflussen. Zurzeit verläuft das Artensterben einhundert, möglicherweise sogar eintausend Mal schneller ab als das normale Hintergrund-Aussterben der Evolution. Solche Zahlen sind nur wissenschaftliche Schätzungen. Unumstritten ist, dass Tiere und Pflanzen gerade so schnell aussterben, dass wir uns ernsthafte Sorgen um unsere eigene Zukunft machen müssen.

Wenn eine Art ausstirbt, ist das zunächst einmal kein großes Problem, sondern ein ganz normaler Vorgang. Tatsächlich sind von all den Tieren und Pflanzen, die im Laufe der Evolution entstanden sind, 99 Prozent wieder ausgestorben. Der Mensch ist nicht schuld daran, er hat ein gutes Alibi. Es gab ihn noch nicht. Arten verschwinden, wenn sich die Umweltbedingungen ändern und sie sich an die neuen Verhältnisse nicht anpassen können oder in mehrere Tochterarten aufspalten. Das Aussterben ist ein wichtiger Motor der Evolution. Neu ist seine Geschwindigkeit. In der Folge sind bis zum Ende des 21. Jahrhunderts eine Million Arten vom Aussterben bedroht, schätzt der Weltbiodiversitätsrat der Vereinten Nationen.

Die Biokrise wird zur größten Herausforderung für die Menschheit in diesem Jahrhundert werden. Anders als die Klimakrise, die eng mit dem Verlust der natürlichen Vielfalt verknüpft ist, bedroht sie nicht nur bestehende Gesellschaftssysteme, sondern die Art *Homo sapiens* selbst. Die Natur bietet keine Verhandlungsmasse, keinen Spielraum für Kompromisse, keine aufschiebende Wirkung. Was wir brauchen, ist ein ökologischer Imperativ, den der Philosoph Hans Jonas in seinem Buch *Das Prinzip Verantwortung* formuliert hat:

> »Handle so, dass die Wirkungen deiner Handlung verträglich sind mit der Permanenz echten menschlichen Lebens auf Erden.«

Mit der wachsenden Weltbevölkerung, dem explodierenden Konsum, den knapper werdenden Ressourcen, den überschrittenen planetaren Belastungsgrenzen, den stotternden Stoffkreisläufen und dem beginnenden sechsten Massenaussterben hat die entscheidende Phase in der Geschichte des Lebens begonnen: Sind wir am Dinosaurier-Moment unserer Geschichte angekommen?

Der Asteroid fiel einfach vom Himmel. Wir hingegen haben unser Schicksal selbst in der Hand.

4
Anthropozän
Warum Arten sterben

Alles, was gegen die Natur ist, hat auf Dauer keinen Bestand.

CHARLES DARWIN, NATURFORSCHER

Am Anfang war das Nichts. Kein Leben. Vor rund 4,5 Milliarden Jahren toben ununterbrochen Feuerstürme um den Globus. Vulkane speien Asche und Lava in die Luft, alles kocht und brodelt und brennt. Würde man die Lebensgeschichte der Erde in einem Tag erzählen, von Mitternacht bis Mitternacht, ginge das bis vier Uhr morgens so. Dann entsteht das erste Leben. Einzeller, die tief im Ozean an Schloten leben, aus denen heißes Wasser schießt, in dem einfache Moleküle herumtreiben. Dann passiert nichts mehr. Sehr lange nicht. Erst um 18:08 Uhr wird das Leben interessanter: Die sexuelle Fortpflanzung entsteht. Sie ist entscheidend bei der Entwicklung von Vielfalt, aber anfangs auch noch nicht wirklich aufregend. Um 20:48 Uhr dann endlich das erste Leben, das auch wie Leben aussieht: Quallen. Die Evolution nimmt Fahrt auf. 21:52 Uhr: Landpflanzen. Eine Stunde und vier Minuten später: Dinosaurier. Die Säugetiere erblicken erst in der letzten halben Stunde das Licht der Welt. Und schließlich, um genau 23:59 Uhr und 57 Sekunden, erhebt sich der erste moderne Mensch auf seine zwei Beine. Auf der 24-Stunden-Erde sind wir erst 3 Sekunden alt.

Das Zeitalter des Menschen

Ein Grund für Bescheidenheit? Klar, wir sind neu hier.

Nein, anderseits. Denn in der kurzen Zeit unserer Anwesenheit sind wir zur alles bestimmenden Kraft geworden, die den Planeten so fundamental verändert hat, dass Geologen gerade dabei sind, eine neue Epoche zu definieren: das Anthropozän, das Zeitalter des Menschen.

Die Idee stammt vom Atmosphärenchemiker Paul Crutzen, der den Begriff 2002 aufbringt. Er meint, der Mensch habe den Planeten inzwischen so radikal verändert, dass ein neues Erdzeitalter angebrochen sei. Archäologen einer fremden Zivilisation, Millionen von Jahren in der Zukunft, würden in den Sedimenten und Gesteinsschichten, die aus unserer Gegenwart stammen, eine abrupte Veränderung erkennen. Plötzlich ist alles anders als in den vergangenen 12 000 Jahren seit der letzten Eiszeit, dem Zeitalter des Holozäns. Auf einmal taucht Plastik auf, dazu Mineralien, die es bis dahin noch nicht gegeben hat. Der sprunghafte Anstieg von Kohlenstoff in der Atmosphäre ist nachweisbar. Außerdem liegen Milliarden Knochen von Hähnchen, Rindern und Schweinen herum, während andere Arten immer seltener werden. Die Alien-Archäologen stoßen auf die Überreste von Städten, sie messen die Strahlung von Plutonium-Isotopen aus Atombomben. Sie können zweifelsfrei nachweisen: In der fernen Vergangenheit, die unsere Gegenwart ist, hat sich der Planet Erde schlagartig und grundlegend verändert.

Es ist ja nicht so, dass wir die Veränderungen nicht selbst bemerkt hätten: 1962 beschrieb Rachel Carsons in *Der stumme Frühling* die katastrophalen Folgen des Insektengifts DDT. Ein erster Push für die Umweltbewegung in den westlichen Industriestaaten. In den 1980er-Jahren machte sich weltweit Panik wegen des Ozonlochs breit, und in Deutschland sorgte man sich zu Recht wegen des Waldsterbens.

Tatsächlich veränderte sich einiges: Die schädlichen FCKW-Kühlmittel, die die Ozonschicht angreifen, wurden verboten (mehr zu dieser erstaunlichen Geschichte in Kapitel 8). DDT verschwand in den meisten Ländern vom Markt. Aus den Abgasen von Autos und Fabriken wurden die Schwefelverbindungen herausgefiltert, die den Regen sauer und den Wald kaputt machten. Und auch in die internationale Politik kam Bewegung: 1992 unterzeichneten die Staaten der Erde in Rio die UN-Biodiversitätskonvention. Man verständigte sich, alle Menschen hätten ein Recht darauf, »in Harmonie mit der Natur« zu leben. 2010 formulierte die Weltgemeinschaft im japanischen Aichi dann ziemlich ambitionierte Ziele zum Erhalt der natürlichen Vielfalt. Gute Idee, nur leider hat niemand ernsthafte Bemühungen unternommen, diese Ziele auch zu erreichen. Aber zumindest kann keiner behaupten, von nichts gewusst zu haben. Das globale Massenaussterben ist kein Geheimnis. Nur was da eigentlich im Einzelnen ausstirbt – davon haben wir keine Ahnung.

Die große unbekannte Welt

Die Vielfalt der Natur – Biodiversität – hat, wie schon beschrieben, drei Dimensionen: Ökosysteme, Gene und Arten. Letztere haben den praktischen Vorteil, dass man sie relativ einfach zählen kann. Ein Zebra hier, eine Pusteblume da und eine Motte dort. Am Ende addiert sich das auf Millionen. Wie viele Millionen, ist aber unbekannt. Denn selbst die scheinbar einfachste Frage ist erstaunlich schwer zu beantworten: Wie viele Arten gibt es überhaupt auf der Erde?

Niemand weiß es. Die Forschenden streiten sogar darüber, was eine Art überhaupt ist. Biologen kennen mindestens 24 verschiedene Ansätze, um das Konzept einer Art zu definieren. Sie verweisen darauf, dass in jedem Liter Meerwasser jede Menge Mikroorganismen herumschwappen, die noch keiner kennt. Aber das sind akademische Feinheiten, die man ignorieren muss, um sich einen Überblick zu verschaffen. Wir können die Vielfalt nur ahnen und schätzen.

Ziemlich genau, immerhin, wissen wir über die Wirbeltiere Bescheid. Über 10 000 Vogelspezies sind beschrieben. Wir kennen 5500 Säugetier-, knapp 33 000 Fisch-, 10 800 Reptilien- und 7300 Amphibienarten. Wir sind uns sicher, dass es aktuell noch jeweils drei Arten von Elefanten und von Orang-Utans gibt, dass 86 Spezies von Walen und Delfinen durch

Meere und Flüsse schwimmen, dass es mehr als die bislang 350 000 entdeckten Käfer gibt und dass zu den Tieren noch einmal 391 000 Pflanzenspezies hinzukommen. Pilze, Algen, Spinnentiere und vor allem die gewaltige Vielfalt der Insekten führen dazu, dass die Wirbeltiere insgesamt kaum ins Gewicht fallen. Alles in allem kommt man auf ungefähr 1,9 Millionen beschriebene Spezies.

Doch beschrieben bedeutet noch nicht verstanden. Außerdem gibt es ganze Organismengruppen, die kaum erforscht sind. Wir haben bisher etwa 100 000 verschiedene Pilze klassifiziert. Es könnte aber auch fünf Millionen geben.

Und was ist mit den ganz Kleinen? Die Vielfalt von Mikroorganismen, zu denen Bakterien oder Einzeller gehören, die keinen Namen haben und über die wir nichts wissen, ist praktisch unendlich. Ein Team der Indiana University stellte vor einigen Jahren die These auf, es könnte sogar eine Billion Arten geben. Eine unvorstellbare Zahl. Genauso gut könnte man sagen: Wir haben nicht die geringste Ahnung.

Was wir gemeinhin mit der Vielfalt des Lebens assoziieren, sind die auffälligen Spezies, die Tigerhaie, Flachlandgorillas, Löwen, Amur-Tiger, Burmesischen Pythons und Paradiesvögel. Dabei stellen sie nur einen winzigen Bruchteil der Biodiversität. Um jeden neu entdeckten Halbaffen gibt es ein Riesenbohei – wie konnte er uns nur so lange entgehen! Aber neue Rundwürmer, Seeschnecken oder Quallen interessieren kaum, um Fangschrecken, Bodenläuse und Nachtfalter, Leber-, Laub- und Torfmoose wird kein Aufheben gemacht.

Die plausibelsten Schätzungen kommen auf weltweit insgesamt rund neun Millionen Spezies mit Zellkern (wozu Tiere,

Pflanzen und Pilze, aber nicht Viren oder Bakterien gehören). Die Menschheit hätte demnach in den vergangenen 250 Jahren Wissenschaftsgeschichte gerade einmal ein gutes Fünftel davon beschrieben (und noch viel weniger erforscht). Bliebe es bei diesem Tempo, dauerte es noch ein paar hundert Jahre, bis wir die Inventur des Lebens abgeschlossen hätten. Vielleicht geht es aber auch schneller. Pro Tag verschwinden mindestens 150 Arten für immer. Also ungefähr alle zehn Minuten eine. Aber auch das ist natürlich nur eine Schätzung.

Es gibt heute keinen Ort mehr, der vom Einfluss des Menschen frei ist. Am Grund des Marianengrabens, 11 000 Meter unter dem Meer: Müll. In den Schneeflocken der Arktis, in abgefülltem Mineralwasser, in Bier, gebraut nach dem deutschen Reinheitsgebot, und wahrscheinlich atmen wir es längst: Plastik. Menschen und Nutztiere zusammen wiegen heute mehr als zwanzigmal so viel wie alle wilden Tiere. Auf drei Vögel in der Natur kommen sieben Masthähnchen. Weltweit wachsen Pflanzen kräftiger, weil sie durch das Kohlenstoffdioxid in der Atmosphäre gedüngt werden. In der westlichen Antarktis und auf Grönland sind die kilometerdicken Eisschilde ins Rutschen gekommen. Verschwände der Grönländische Eispanzer, würde sich durch die Gewichtsverschiebung sogar die Erdrotation verändern. Der Meeresspiegel stiege um sechs bis sieben Meter. Es wäre tatsächlich ein neues Erdzeitalter, der Planet nicht mehr die lebensfreundliche blaue Murmel, auf der wir uns so bequem eingerichtet haben.

Dennoch bedeutet das Anthropozän nicht »das Ende der Natur«, wie Umweltaktivist Bill McKibben sein erstes Buch nannte. Denn Natur wird nicht wertlos, wenn sie von Menschen verändert wird. Viele der spektakulärsten und artenreichsten Ökosysteme Europas sind Kulturlandschaften. In England haben manche Schmetterlingsarten in den West Thurrock Lagoons ihren letzten Rückzugsort gefunden, einer Industriebrache, die jahrelang vergessen wurde. In Deutschland war der Artenreichtum vor Beginn der Industrialisierung am höchsten, also erst *nachdem* viele Wälder gerodet worden waren, um dort Landwirtschaft zu betreiben – denn nun erst fanden neben den Arten des Waldes auch die der Wiesen und Felder ein Zuhause. Rebhuhn, Feldhase und Kiebitze zum Beispiel, die wir schon lange als heimisch betrachten.

Der Mensch muss nicht verschwinden, um Biodiversität zu fördern, oft ist sein Einfluss sogar unfreiwillig segensreich. So wie auf den deutschen Truppenübungsplätzen, wo jahrzehntelang Granaten explodierten und Panzer den Boden umwühlten, aber gleichzeitig viele seltene Tiere und Pflanzen eine Zuflucht fanden, die anderswo verschwunden sind. Und der Ort des tödlichsten Nuklearunfalls in der Geschichte der Menschheit – Tschernobyl – ist heute Rückzugsort für Wölfe, Luchse oder das beinahe ausgestorbene Przewalski-Pferd. Selbst die Palmölplantagen in Südostasien, für die unersetzbarer Regenwald gerodet wurde, sind biologisch arm, aber nicht völlig wertlos – manche Arten wie der Honigdachs können selbst hier noch überleben. Wir müssen die Natur also nicht verlassen, um sie zu schützen. Aber wir müssen ihr genug Raum lassen.

Wir wissen genug, um zu handeln

Als Journalist über Natur zu berichten ist eigentlich ein Traumjob. Einem Orang-Utan beim Klettern zuzusehen, einen Buckelwal vor der Küste Grönlands atmen zu hören oder die Berührung eines neugierigen Gorillababys zu spüren – all das sind unbezahlbare Momente. Wilde Tiere können auf urtümliche, fremde Weise glücklich machen.

Doch man muss stundenlang durch indonesische Palmölplantagen fahren, um zum Wald mit den Orang-Utans zu gelangen. Grönlands Gletscher sind bei jedem Besuch kleiner. Die Heimat der Flachlandgorillas am Sangha-Fluss in der Zentralafrikanischen Republik wird regelmäßig von Wilderern heimgesucht. Die Momente, in denen man den Zauber der Natur spürt, haben ihre Unschuld verloren. Immer häufiger fühlen wir uns wie Kriegsreporter, die vor Trümmern von Verletzten und Toten berichten.

Die Beschleunigung des Artensterbens ist keine bloße Annahme, sondern belegbar. Der Living-Planet-Index, den der World Wide Fund For Nature (WWF) in Zusammenarbeit mit mehreren Forschungseinrichtungen entwickelt hat, funktioniert so ähnlich wie ein globaler Börsenindex für Biodiversität. Er ist ein Gradmesser für die Gesundheitsentwicklung der gesamten Natur auf der Erde. Um ihn zu ermitteln, sind die wissenschaftlichen Daten eines halben Jahrhunderts über fast 17 000 Populationen von mehr als 4000 Wirbeltierarten ausgewertet worden. Demnach sind die Wirbeltierbestände der Erde seit 1970 um etwa 60 Prozent geschrumpft. Es gibt heute also insgesamt weniger als halb so viele wilde Tiere wie noch vor fünfzig Jahren. Nimmt die Zahl der Individuen innerhalb der Arten weiter ab, muss zwangsläufig in den kommenden Jahrzehnten auch die Aussterberate schneller in die Höhe schießen. So ist beispielsweise die Zahl der Elefanten von einst vielleicht 10 Millionen auf heute etwa 400 000 gefallen. Eine dramatische, aber noch nicht katastrophale Entwicklung. Würden die Elefanten von sofort an effektiv geschützt (wonach es nicht aussieht), könnte sich der Bestand erholen. Erst wenn der letzte stirbt, ist die Katastrophe eingetreten. Sie ist nicht rückgängig zu machen.

Was vom Leben übrig bleibt

Ein Konferenzsaal in Paris im Mai 2019, voll besetzt mit Wissenschaftlerinnen, Reportern und Kamerateams.

Drei Männer und drei Frauen sitzen auf dem Podium, sie sehen erschöpft aus. Sie haben tage- und nächtelang über die endgültige Fassung eines Berichtes verhandelt, den sie jetzt der Weltöffentlichkeit vorstellen werden. Er ist von den Vereinten Nationen in Auftrag gegeben worden und wurde ausgearbeitet von 400 der besten Wissenschaftlerinnen und Wissenschaftler von allen Kontinenten, organisiert unter dem Dach des Weltbiodiversitätsrats der Vereinten Nationen, abgekürzt IPBES. Hunderte Journalistinnen und Journalisten aus der ganzen Welt sind zugeschaltet. Noch nie zuvor hat es das gegeben: einen Bericht, der das Wissen der Welt über alles Leben zusammenfasst, unterzeichnet von 132 Regierungen, geschrieben nach den strengsten wissenschaftlichen Kriterien.

Der Bericht hat einen explosiven Inhalt:

Seit es Menschen gibt, ging es der Natur noch nie so schlecht wie heute.

Eine Million Tier- und Pflanzenarten könnten bis zum Ende des Jahrhunderts aussterben.

Drei Viertel des Landes und zwei Drittel der Meere sind stark von Menschen verändert.

Die Fläche von Städten hat sich seit 1992 verdoppelt.

Die Plastikverschmutzung hat sich seit 1980 verzehnfacht.

Selbst wenn die Menschheit sofort umsteuern würde (was sie nicht tut), ginge das Artensterben noch jahrzehntelang weiter.

Trotz aller wissenschaftlichen Zurückhaltung, mit der der fundiert recherchierte IPBES-Report formuliert ist: Deutlicher kann man nicht »Alarm« rufen. Die Fakten klingen schriller als jede Sirene.

Das größte Artensterben seit dem Ende der Dinosaurier ist also längst eine messbare Tatsache. Der IPBES-Report zeigt vor allem zwei Entwicklungen: Der Menschheit geht es immer besser. Allem anderen immer schlechter. Doch wie lange kann die Entkopplung dieser beiden Megatrends noch gut gehen? Wann ist der biologische Kipppunkt erreicht, an dem unser Lebenserhaltungssystem so weit geschwächt ist, dass es beginnt zusammenzubrechen?

Das, nach allem was wir wissen und bislang nicht wahrhaben wollen, wird die entscheidende Frage des kommenden Jahrhunderts. Und anders als die Klimakrise hat das Artensterben gleich mehrere Auslöser.

Grund Nummer 1: Habitatzerstörung

Wie lange ist kein Mensch mehr diesen Pfad entlanggegangen? Ein paar Monate? Oder waren es Jahre? Der letzte Braunbär zog erst vor ein paar Tagen hier durch. Seine Tatzen haben sich in den schlammigen Waldboden gedrückt, die Krallen Furchen in die Rinde einer Buche geritzt. Hier und da liegt ein dicker Fladen, der nach Blaubeeren riecht.

Seit Tagen fällt dichter Regen, dabei ist es Hochsommer in den rumänischen Karpaten. Vor dem Team aus Förstern, Wissenschaftlern und Umweltschützern liegt das Boia-Mica-Tal, groß, unübersichtlich, still. Ein weites Tal voller Rotbuchen, wo noch nie Äxte und Sägen in die Stämme getrieben wurden, durch das keine Straße führt und wo Menschen nur gelegentlich vorbeikommen.

Die Buche dominierte die Vegetation von Europa über Jahrtausende, Deutschland war einst zu zwei Dritteln von Buchenwäldern bedeckt. Doch im Mittelalter wurden die meisten Bäume gefällt. Werften brauchten Schiffsplanken, Köhlereien Brennstoff und aus Pottasche wurde Glas – über Holzfeuern. 1713 prägte der sächsische Oberberghauptmann Hans Carl von Carlowitz zum ersten Mal das Wort Nachhaltigkeit. Die Förster sollten nur so viel Holz aus dem Wald schaffen, wie nachwächst. Nachhaltigkeit war eine wirtschaftliche Notwendigkeit, keine ökologische Idee. Wo aufgeforstet wurde, geschah dies mit Baumarten, die schnell wuchsen.

Hier in Rumänien kann man noch einen Eindruck davon bekommen, wie es früher mal auf unserem Kontinent ausgesehen haben muss, kein Land in Europa hat mehr Urwälder. Luchse gibt es hier und Auerhühner, dazu massenweise Totholz – ein unpassendes Wort, wenn man bedenkt, dass 70 Prozent aller Arten in diesem Wald genau davon leben. Doch kaum jemand kennt diese rumänischen Urwälder – und das ist ein Problem.

Denn obwohl sie eigentlich streng geschützt sein müssten, nach europäischem Recht und auch nach rumänischem, werden sie immer kleiner.

Von einer Felsnase über dem Boia-Mica-Tal kann man eine urtümliche Lebensgemeinschaft beobachten. Das Ergebnis von vielen Millionen Jahren Anpassung. Evolution ist lebendiges Erfahrungswissen, übersetzt in Gene, in Pflanzen und Tiere, die in unendlich komplexen Beziehungsgeflechten miteinander diesen Ort bewohnen. Diese Urwälder sind ökologische Schatzkammern.

Mittlerweile führt ein Forstweg nach Boia Mica. Vielleicht wird es hier schon bald so aussehen wie im 90 Kilometer entfernten Ucea-Mare-Tal. Dort liegen uralte Stämme am Wegesrand, so dick, dass sie sogar liegend noch brusthoch sind.

Die alten Buchen sind innen oft hohl, weil das Holz im Kern zu modern beginnt. Für Käfer, Vögel, Pilze sind solche Stämme Paradiese, für die Holzwirtschaft Mangelprodukte. Methusalem-Bäume, die schon wuchsen, als in Europa noch Könige und Kaiser regierten, enden nun als Brennholz. Mehr Verachtung ist kaum vorstellbar.

Es ist, als würde jemand die Akropolis einreißen und ihre Säulen zertrümmern, um damit eine Gasse zu pflastern. Nur dass man die Akropolis notfalls nachbauen könnte. Zerstört man einen Urwald, vernichtet man ihn für immer.

Was in Rumänien passiert, ist illegal. Aber es ist im Grunde die Geschichte des Triumphs der menschlichen Zivilisation über eine wilde, ungezähmte Natur. In Rumänien, in Europa, auf der ganzen Welt. Der überwiegende Teil aller Land- und Wasserflächen auf der Erde ist bereits degradiert, also biologisch nicht mehr voll leistungsfähig. Und diese Degradierung der Erdoberfläche, die Zerstörung von Lebensräumen, ist der schlimmste Artenkiller von allen.

Eine der Hauptursachen: die moderne Landwirtschaft, die immer größere Monokulturen für immer größere Maschinen anlegt und immer mehr Wälder und Wiesen in artenarme Äcker verwandelt. Obwohl die Konsequenzen bekannt sind, bleibt der Waldverlust seit fast zwanzig Jahren auf viel zu hohem Niveau. 2018 allein gingen Waldflächen von der Fläche Großbritanniens verloren: 7000 Quadratmeter, rund ein Fußballfeld, in jeder einzelnen Sekunde. In der Regel haben Gegenden mit einer hohen landwirtschaftlichen Produktivität auch den höchsten Grad an Lebensraumvernichtung.

Ein Drittel der Landfläche auf der Erde wird landwirtschaftlich genutzt. Ein Viertel aller Treibhausgas-Emissionen ist auf Umwandlung von Land in Äcker und Felder zurückzuführen. Und auf diesen Äckern wird zu einem großen Teil nicht Menschen-, sondern Tiernahrung angebaut: Ungefähr ein Drittel der Landwirtschaftsflächen dient ausschließlich der Produktion von Viehfutter – und damit letztlich der Fleischproduktion. Für diese neuen Äcker wird vor allem Regenwald vernichtet. Auf diesem Wege exportieren die reicheren Länder des Nordens ihren Flächenbedarf in den Süden. Dort ist der Wald seit 1990 um etwa 30 Prozent geschrumpft.

Gerade der Verlust an Wäldern ist problematisch. Vier von fünf aller Tier- und Pflanzenspezies kommen in Wäldern vor. Das Artensterben wird sich nur aufhalten lassen, wenn die Waldvernichtung aufhört. Doch danach sieht es derzeit nicht aus: Laut einer 2015 in der Zeitschrift *Nature* veröffentlichten Studie werden geschätzte 15 Milliarden Bäume pro Jahr gefällt, rund ein Prozent der bewaldeten Fläche verschwindet jährlich. Seit dem Beginn der menschlichen Zivilisation ist bereits fast die Hälfte aller Bäume verschwunden, berechnet ein Forscherteam aus der Schweiz in der Untersuchung.

Die Zerstörung beginnt meistens mit einer Straße, die es Holzfällern erleichtert, in die Wildnis vorzudringen. Nach und nach frisst sich der Kahlschlag dann in den Wald wie eine sich ausbreitende Infektion. Provisorische Siedlungen entstehen, die bald zu Ortschaften heranwachsen. Bauern legen Felder an, wenig später beschleunigt die Agrarindustrie die Landnahme. Oft wird der ehemalige Waldboden vom Regen weggewaschen, als Ersatz werden weitere Flächen gerodet. Ein typisches Muster, tausendmal auf Satellitenbildern dokumentiert. Der ursprüngliche Lebensraum für Tiere und Pflanzen wird fragmentiert, die einzelnen Populationen voneinander isoliert. Und dann verschwinden sie. Eine nach der anderen.

Noch schlimmer steht es um die aquatischen Lebensräume. In den vergangenen fünfzig Jahren sind die globalen Fischpopulationen um über die Hälfte geschrumpft. Die Schleppnetzfischerei verwandelt riesige Areale in Unterwasserwüsten, und die Verbauung der Küsten vernichtet die besonders wichtigen Habitate in Ufernähe. Viele marine Arten brauchen Flussmündungen und Marschland, um sich fortzupflanzen, doch genau diese empfindlichen Systeme werden durch Ausbaggern und Auffüllen zerstört – die Kinderstuben für zahlreiche Fischarten, die wiederum wichtige Nahrungsquelle für viele Vögel sind. In Europa etwa gibt es praktisch nur noch auf dem Balkan frei fließende Flüsse. Große Wasserwege wie der Rhein, die Donau oder die Elbe sind hingegen ihrer natürlichen Dynamik beraubt und im Prinzip nichts anderes als eine Aneinanderreihung von Stauseen.

Auf den ersten Blick weniger betroffen sind trockene Landschaften. Höchstens ein Fünftel aller Savannen, Heiden oder Buschländer sind degradiert – hört sich nicht so schlimm an, tatsächlich gehören zu diesem Fünftel aber auch die rund neun Millionen Quadratkilometer, die durch menschliche Aktivität erst zu Wüsten geworden sind.

Besonders Arten, die hoch spezialisiert sind – sich etwa nur von einer Pflanzenart ernähren – sterben mit ihrem Lebensraum. Koalas sind ein trauriges Beispiel dafür. Niemand isst ihr Fleisch, niemand bekämpft sie als Schädlinge, niemand hat es auf ihr Fell abgesehen. Menschen lieben Koalas. Trotzdem sterben sie. Hauptsächlich, weil ihre Eukalyptus-Wälder abgeholzt werden, weil Straßen und Städte sich ausbreiten, weil die Landwirtschaft immer mehr Flächen beansprucht. Wird so eine angeschlagene Art dann auch noch von einer Katastrophe wie den Waldbränden 2019/2020 getroffen, kann ihr das den Todesstoß versetzen. Der WWF befürchtet, die Koalas könnten in zwanzig bis dreißig Jahren in Freiheit ausgestorben sein. Und das, obwohl alle sie mögen und viele sich für ihren Schutz engagieren. Spezialistenarten sterben schnell, Generalisten langsamer, oft erst sehr viel später als ihr Habitat. Ökologinnen und Ökologen sprechen hier von »extinction debts«, Aussterbeschulden. Selbst wenn wir also von heute auf morgen damit aufhören würden, Lebensräume zu zerstören, würden noch Jahrzehnte später Arten verschwinden.

Das Ausmaß der Lebensraumvernichtung ist, hier ist der Begriff schrecklich angebracht, apokalyptisch. Man kann die Erkenntnisse des Weltbiodiversitätsrates gar nicht oft genug wiederholen: Mehr als drei Viertel der Landfläche und zwei Drittel der Meere sind biologisch bereits beeinträchtigt, Tiere und Pflanzen können sich dort nur noch eingeschränkt entwickeln. Der größte Teil der Erde ist für die volle Vielfalt des Lebens bereits verloren. Wir vernichten buchstäblich die Lebensgrundlage, auf der wir und alle anderen Geschöpfe stehen.

Dieser drohende Verlust mag für viele immer noch nicht greifbar sein, aber wir gefährden mit der Zerstörung der Natur bereits jetzt unsere Gesundheit. Indem wir immer tiefer in die Lebensräume von Tieren eindringen, schaffen wir erst die Bedingungen für Krankheitserreger, um auf uns Menschen überzuspringen. Mehr als 1,6 Millionen verschiedene Viren gibt es da draußen, doch wir kennen nur rund 3000 von ihnen. Darunter einige der gefährlichsten Krankheitserreger überhaupt. HIV zum Beispiel, das von Affen auf Menschen übertragen wurde. Ebola, das wahrscheinlich von Fledermäusen stammt. Sars, das von Schleichkatzen übersprang.

Der wahrscheinlichste Ort für den Ausbruch einer neuen Epidemie mit einem gefährlichen Erreger ist das Ende einer unbefestigten Straße irgendwo im Regenwald. Ihren wilden Wirten schaden die Erreger meist kaum. Doch wenn Menschen diese Tiere jagen und ihren Lebensraum zerstören, ermöglichen sie den Viren und auch Bakterien den Sprung auf uns. Außerdem drängen wir mit jedem Hektar Wald, den wir abholzen, die verbliebenen Tiere dichter zusammen. Damit zwingen wir sie, auch menschliche Siedlungen zu ihrem Lebensraum zu machen. Viren springen nicht auf einen neuen Wirt über, sie werden übertragen. Und durch die neu entstandene Nähe wird dieser Vorgang viel wahrscheinlicher.

Viren sind extrem anpassungsfähig. Sie sind kein Leben im eigentlichen Sinne, sondern ein Stück Erbsubstanz in einer Hülle. Weil sie nicht leben, kann man sie nicht töten. Der beste Schutz vor ihnen ist, Abstand zu ihnen zu halten. Doch wir tun genau das Gegenteil. Welch tödlicher Fehler das ist, zeigt der Ausbruch von Covid-19. Bis heute ist nicht endgültig geklärt, woher das Virus stammt. Eine Theorie geht davon aus, dass es ursprünglich in Marderhunden entstanden ist, eine andere vermutet, dass es ursprünglich von einer Fledermaus auf ein Pangolin übertragen wurde – das am meisten gewilderte Tier der Welt. Normalerweise würden Fledermaus und Pangolin einander kaum nah genug kommen, um ihre Viren auszutauschen. Aber auch dabei hilft der Mensch ihnen. Sars-CoV-2 hatte seinen Ursprung auf einem *wet market* im chinesischen Wuhan, auf dem lebendige Tiere von verschiedensten Kontinenten unter erbärmlichen Bedingungen gehalten und wo sie oft auch geschlachtet werden. Die Käfige, in denen qualvolle Enge herrscht, sind übereinandergestapelt, wer unten sitzt oder liegt, ist mit Exkrementen, Blut und anderen Flüssigkeiten getränkt. Der Ausbruch von Sars im Jahr 2003 begann unter ähnlichen Bedingungen.

Auch die auf allen Kontinenten übliche industrielle Tierhaltung bietet fruchtbare Brutstätten für Erreger. In den gigantischen Milchfabriken, den Schweinemastanlagen, den Zehntausende Tiere fassenden Hähnchenställen, den Käfigbatterien voller Marderhunde für die Pelzproduktion haben Krankheitserreger leichtes Spiel. Immer dort, wo Tiere auf engstem Raum zusammenleben und Kontakt mit Menschen haben, ist die Übertragung und damit der Ausbruch nicht eine Frage des ob, sondern nur des wann.

Es liegt eine gewisse Ironie darin, dass die Zerstörung von Lebensräumen und die qualvolle Haltung von Tieren die Wahrscheinlichkeit erhöhen, dass tödliche Erreger auf uns überspringen. Als würde uns die Natur eine Warnung senden: Haltet Abstand! Lasst mir Raum! Wir sollten sie besser ernst nehmen.

Grund Nummer 2:
Unkontrollierte Ausbeutung und Jagd

Der kleinste, scheueste und seltenste Wal der Welt sieht aus, als würde er schwarzen Lidschatten tragen. Er lebt im Meer im Nordwesten Mexikos, doch wenn Sie diese Zeilen lesen, ist er vielleicht schon ausgestorben.

Der Vaquita, was übersetzt »kleine Kuh« bedeutet, ist im warmen und flachen nördlichen Golf von Kalifornien zu Hause. Mit seinem Echolot orientiert er sich mühelos im trüben Küstenwasser. Die See von Cortez, wie das Gebiet auch genannt wird, gehört zu den spektakulärsten Meeren überhaupt. Ebbe und Flut durchmischen das Wasser und wirbeln Nährstoffe auf, die der mächtige Colorado River über viele Jahrtausende herangeschafft hat. Blau- und Buckelwale, Meeresschildkröten, Walhaie und Hammerhaie, Große Tümmler und mehr als 1000 Fischarten leben im Golf. Viele davon kommen nur hier vor, etwa der Totoaba, der bis zu 100 Kilogramm schwer werden kann.

Immer zu Beginn des Jahres steigen die Totoabas aus der Tiefe auf, um zu laichen – genau dort, wo die Vaquitas leben. Obwohl es illegal ist, die extrem bedrohten Fische zu fangen, fahren dann Hunderte Männer mit ihren Booten über die Cortez-See und werfen ihre Stellnetze aus. Ein einziger Totoaba kann einem Fischer mehr als 7000 US-Dollar einbringen.

Was den Fisch so wertvoll macht, ist seine Schwimmblase. In Asien glauben manche Menschen, sie besäße heilende Kräfte. Sie soll das Hautbild verbessern oder den Blutdruck senken. Nichts davon ist plausibel, geschweige denn nachgewiesen, aber dennoch zahlen manche Kunden 80 000 Dollar pro Schwimmblase – manchmal einfach auch nur, damit sie vor ihren Freunden mit ihrem Reichtum angeben können.

Immer wieder verfangen sich in den Totoaba-Netzen auch Vaquitas. Sie können dann nicht mehr zum Atmen auftauchen. Sie ertrinken.

Die berüchtigten mexikanischen Drogenkartelle, immer dabei, wenn es ums ganz große Geld geht, organisieren den Schwimmblasen-Schmuggel mit, sie bestechen Zollbeamte und sorgen dafür, dass die Soldaten, die eigentlich die Jagd verhindern sollen, wegschauen. Der Schwarzhandel mit den Totoabas konzentriert sich auf zwei kleine Küstenstädte. Dort herrscht die Mafia. Niemand traut sich aufzubegehren. Aus

Angst ducken sich alle weg, und wer es sich leisten kann, verschwindet für immer. Geschlossene Geschäfte, heruntergekommene Hotels, verlassene Bungalowanlagen. Mitten auf der Strandpromenade von San Felipe hat der größte Totoaba-Schmuggler mit einer Kalaschnikow schon mal einen Soldaten hingerichtet. Einfach so.

Touristen, einst Geldbringer für die Region, kommen schon längst nicht mehr. Die Hoffnung auf eine bessere Zukunft ist mit ihnen genauso verschwunden, wie es der letzte Vaquita bald sein wird. Überraschend kommt das Ende dieser Art nicht. Ihr Niedergang ist dokumentiert. Die Chronik eines angekündigten Todes:

Vor Beginn der kommerziellen Fischerei lebten Tausende Vaquitas hier im Golf.

1999 gab es noch 567.

2008 noch 245.

2015 noch 59.

2016 noch 30.

Im Frühjahr 2020, als diese Zeilen geschrieben werden, sind es vielleicht noch neun.

Vaquita und Totoaba sind besonders drastische Beispiele dafür, wie Arten ausgerottet werden, obwohl sie geschützt sind, durch lokale und internationale Gesetze.

Die direkte Ausbeutung von Tieren und Pflanzen gehört zu den wichtigsten Treibern des Artensterbens, sie erfolgt oft illegal, in noch größerem Umfang aber legal.

Dabei spielt die Fischereiindustrie eine besonders unrühmliche Rolle. Die weltweite Flotte besteht aus 70 000 Schiffen, die jährlich 100 Millionen Tonnen Fisch anlanden. Je leerer die Küstengewässer werden, desto weiter fahren die Flotten hinaus. Auf der Hohen See fischen mittlerweile vor allem fünf Nationen: China, Spanien, Taiwan, Japan und Südkorea. Die Folge: Von allen kommerziell genutzten Fischpopulationen sind 60 Prozent überfischt, das heißt auf dem Weg zusammenzubrechen. 33 Prozent werden maximal genutzt. Fisch aus dem Meer ist mittlerweile so selten geworden, dass seit einigen Jahren mehr als die Hälfte des Speisefisches aus Aquakulturen kommt, wo »Edelfische« wie Lachs oder Thunfisch allerdings meist einfach mit Wildfischen aus dem Meer gefüttert werden. Dadurch werden selbst weniger begehrte Arten immer stärker befischt.

An Land ist die Jagd ähnlich verhängnisvoll: Sechs Millionen Tonnen Buschfleisch – also Tiere wie Affen, Antilopen, Flughunde, Schlangen, Warane und Kröten bis hin zu Adlern, Tauben und Krokodilen – werden pro Jahr erbeutet, um gegessen oder verkauft zu werden. Um so viele wilde Tiere abzutransportieren, bräuchte man knapp 300 000 Schiffscontainer.

Holz im Wert von 227 Milliarden US-Dollar wurde laut FAO im Jahr 2016 exportiert, es ist damit das wertvollste Naturprodukt überhaupt. Zwischen 10 und 30 Prozent aller Bäume werden illegal gefällt, in Ländern mit schwacher Regulierung wie Madagaskar oder Mosambik können es bis zu 90 Prozent sein.

Und dann Wildpflanzen: Menschen nutzen zwischen 70 000 und 90 000 Arten für Essen, Trinken, Arzneimittel, traditionelle Medizin, Kosmetik oder als Dekoration. Das meiste davon wird nicht kultiviert, sondern kommt direkt aus der Natur.

Die meisten Arten sterben, ohne dass wir Menschen es überhaupt bemerken würden. Doch es gibt Ausnahmen, etwa den Riesenalk. Ein flugunfähiger Vogel, der in arktischen Gewässern Fisch jagte und dummerweise keine Angst vor Menschen hatte. Im 18. und 19. Jahrhundert knüppelten Seefahrer Zehntausende Tiere nieder. Mit den großen, zutraulichen Vögeln konnten sie bequem ihre Fleischvorräte auffüllen. Irgendwann gab es nur noch auf einer Insel vor Island Riesenalke. Das allerletzte Paar wollte sich ein englischer Geschäftsmann sichern, als Kuriosität für seine Sammlung. Er schickte drei Isländer los, um den Job für ihn zu erledigen. Die Männer fingen die beiden einzigen noch lebenden Vögel mit bloßen Händen und erwürgten sie. Sie fanden auch noch ein Ei. Das zertraten sie. Als sie später von einem Ornithologen aufgefordert wurden, das Verhalten der ausgestorbenen Art zu beschreiben, gaben sie an, die Vögel hätten sich nicht gewehrt und keinen Laut von sich gegeben, als sie starben.

Grund Nummer 3:
Klimakrise

Als Alexander von Humboldt 1802 nur 400 Höhenmeter vor dem Gipfel des Chimborazo-Vulkans kehrtmachen muss, ist er so hoch geklettert wie noch kein Mensch vor ihm. Seine Schuhe sind zerschlissen, er schlottert in der Kälte, sein Zahnfleisch blutet. Die einheimischen Führer, die den verrückten Weißen unten noch ausgelacht hatten, sind lange vor ihm umgekehrt.

Trotz klirrender Kälte und beißenden Windes hat er unterwegs alle paar hundert Meter angehalten, seine schweren und sperrigen Instrumente ausgepackt und Messungen durchgeführt. Den Luftdruck, die Temperatur, die Himmelsbläue, alles hat er notiert. 1807 veröffentlicht er seine Ergebnisse. Darin enthalten: das »Naturgemälde der Tropen«. Diese Zeichnung gilt als erste Infografik der Welt. Sie zeigt einen stilisierten Schnitt durch das Profil der Anden, in das Humboldt eingetragen hat, welche Pflanzen auf welcher Höhe wachsen.

Das Naturgemälde ist heute eine Ikone, der Grundstein, auf dem moderne Ökologie und Geowissenschaft stehen, weil es zum ersten Mal nicht nur stumpf einzelne Daten präsentierte, sondern sie zu einem großen Bild der Natur vereinte, sie in ein einziges großes Natursystem einordnete, in dem alles mit allem verbunden ist und sich alles gegenseitig beeinflusst. »Die Erfindung der Natur« nennt die Humboldt-Biografin Andrea Wulf diese Leistung. Und heute hilft genau diese Zeichnung bei der Erforschung eines Phänomens, das Humboldt noch gar nicht kannte, weil es in seiner Zeit noch nicht existierte: der Klimawandel. Tropische Berge eignen sich dafür hervorragend, Humboldt beschrieb als erster, wie sich vom Fuß bis zum Gipfel Vegetationszonen aneinanderreihen, als würde man vom Äquator bis zu den Polen gehen.

Französische Wissenschaftler sind 200 Jahre später in die Anden gefahren und haben Humboldts Aufzeichnungen überprüft. Sie wollten wissen, ob die Pflanzen heute noch immer an den Orten wachsen, an denen Humboldt sie gefunden hatte. Ihnen fielen zwei Dinge auf: Zum einen war der große deutsche Naturforscher, wer hätte das gedacht, offenbar ein bisschen schlampig beim Übertrag seiner Daten in die ikonische Grafik. Aber viel wichtiger: Zahlreiche Arten wachsen heute Hunderte Meter höher als damals, auch die Schneegrenze hat sich deutlich nach oben verschoben. Ein Beweis dafür, wie stark sich das fragile Ökosystem der Hochanden durch die steigenden Temperaturen bereits verändert hat.

Inzwischen wirkt die Klimakrise auf fast alle Naturkreisläufe ein, mehr oder weniger stark. Auch auf die Landwirtschaft. Die Faustregel für Getreide: Mit jedem Grad Temperaturanstieg geht die Ernte um mindestens zehn Prozent zurück.

In Deutschland richtete allein der Dürresommer 2019, der auf den extrem heißen und trockenen Sommer 2018 folgte, immensen Schaden an: 110 000 Hektar Wald vertrockneten, dabei erstmals sogar großflächig auch die Buchen, die bis dahin als besonders resistent galten. Nur die Schäden aufzuräumen kostete 2 Milliarden Euro – da war das Pflanzen neuer Wälder noch nicht mit eingerechnet.

Der Klimawandel ist eine Bedrohung für Ökosysteme, aber diese Gleichung kann auch in die Gegenrichtung aufgemacht werden. Gesunde Ökosysteme erhalten nicht nur gesunde Populationen von Tieren, Pflanzen und Pilzen, sie speichern auch Kohlenstoffdioxid.

Auf einer sich aufheizenden Erde wird das Klima zu einem gigantischen Artenmixer, der die Spezies neu über den Globus verteilt. Sofern sie können, flüchten Landarten im Schnitt 17 Kilometer pro Jahr Richtung Pole, bei Meeresarten sind es sogar 72 Kilometer. Die Erde erlebt zurzeit die größte Artenwanderung seit 25 000 Jahren. Die isländischen Fangflotten erbeuten erstmals große Mengen Makrelen, Sandfliegen ziehen aus den Tropen bis in die USA und nach Deutschland, wo sie Menschen mit der Parasitenkrankheit Leishmaniose infizieren. In Neuengland, an der amerikanischen Ostküste, explodiert die Hummerpopulation, während sie weiter südlich zusammenbricht. In der Arktis paaren sich Grizzlys mit Eisbären.

In dieser klimatisch bedingten Umverteilung stecken natürlich auch Chancen. Bäume auf Grönland vielleicht oder Wiesen in Sibirien. Aber vor allem in heute schon trockenen Gegenden wird die Biodiversität abnehmen. Bereits jetzt ist die Klimakrise die drittgrößte Bedrohung für die Vielfalt auf unserem Planeten – und mit jedem Zehntel Grad wird es schlimmer.

Grund Nummer 4:
Verschmutzung

Seit 1950 hat die Menschheit ungefähr neun Milliarden Tonnen Plastik produziert. Jedes Jahr landen Millionen davon im Meer. Das sind Fakten. Deshalb, so warnen Umweltschutzorganisationen, könnte es im Jahr 2050 in den Ozeanen mehr Plastik als Fisch geben. Ob das wirklich stimmt, lässt sich allerdings nicht seriös berechnen, da weder die Mengen von Plastik und Fisch in den Meeren genau bekannt sind, noch irgendjemand wirklich vorhersagen kann, wie sich die Müllmengen und die globalen Fischpopulationen über Jahrzehnte hinweg entwickeln werden.

Aber wir wissen sehr genau: In manchen Meeren haben schon heute drei Viertel aller Fische Plastik im Darm. Im

Schwarzen Meer ertrinken Hunderte von Delfinen in illegalen Stellnetzen. Auf Helgoland, Heimat der einzigen deutschen Basstölpelkolonie, verbauen 98 von 100 Paaren Netze und Leinen in ihren Nestern. Weil Küken sich damit oft strangulieren, ist die Sterblichkeit bis zu fünfmal höher als normal. Allein in Europa, so schätzt das Umweltprogramm der Vereinten Nationen, gehen jährlich rund 25 000 Netze verloren, die dann als tödlicher Müll viele Jahre lang durch die Meere treiben.

Die Ostsee ist ein flaches und schmales Meer. Wegen ihrer besonderen Topografie dauert der Wasseraustausch hier länger als anderswo. Und weil an ihren Küsten besonders viele besonders wohlhabende Menschen wohnen, die besonders viel Handel treiben und besonders viele Güter herstellen, ist die Ostsee das dreckigste Meer der Welt. 90 Millionen Menschen in neun Anrainerstaaten leiten Abwässer aus Kläranlagen, Fabriken, Städten und Ställen ein, dazu, noch gravierender, all die Gülle, den Dünger und den Boden, die von Äckern und Feldern in Bäche und Flüsse gespült werden. Diese Nährstoffe – vor allem Phosphor und Nitrat – sind Kraftnahrung für Algen. Wenn sie am Ende ihres Lebens zu Boden sinken, werden sie von Bakterien zersetzt. Die verbrauchen dabei Sauerstoff, und dann entstehen am Grund gewaltige Todeszonen. 2018 hatten sie die Größe von Dänemark. In diesen Zonen kann kein höheres Lebewesen existieren, kein Fisch, keine Wasserpflanze, kein Krebs, keine Muschel.

In der Ostsee ist das Problem besonders sichtbar, aber alle Meere haben es. Verschmutzung ist der vierte große Treiber von Biodiversitätsverlust. Weltweit ist die Wasserqualität in den vergangenen fünfzig Jahren gesunken. Die Meere werden als Müllkippen missbraucht, Ölkatastrophen töten Millionen Tiere, weitere Schadstoffe werden über die Luft eingetragen. Vier Fünftel aller globalen Abwässer landen kaum oder gar nicht aufbereitet in Flüssen, die Schwermetalle, Arzneimittel, Hormone und Krankheitserreger mit sich tragen.

In der Luft sammeln sich Treibhausgase an, die Hitze stauen. Feinstaub aus Industrieschloten, privaten Kaminen oder Auspuffen ist zu einem Gesundheitsrisiko geworden, das nach NASA-Angaben jedes Jahr zu mindestens acht Millionen vorzeitigen Todesfällen führt. Stickoxide gelangen über den Regen in Gewässer und bringen dort das Nährstoffgleichgewicht durcheinander. Quecksilber reichert sich in den Nahrungsnetzen der Arktis an, wo Belugawale zehnfach erhöhte Konzentrationen des giftigen Metalls im Körper haben. Unzählige Stoffe verschmutzen über Wege, die uns meist nicht klar sind, auf unterschiedlichste Weise die verschiedenen Ökosysteme auf dem Planeten. Sie vergiften inzwischen nicht nur einzelne Arten, sondern das ganze Leben auf der Erde. Auch unseres.

Grund Nummer 5:
Invasive Arten

Eine der tödlichsten Arten auf dem Planeten hat weder Zähne noch Krallen, Flossen oder Flügel. Sie hat noch nicht einmal Augen. Trotzdem hat sie bereits 90 Spezies ausgerottet und insgesamt 501 Arten befallen. Der Froschkiller *Batrachochytrium dendrobatidis* oder Chytridpilz wütet schon seit den 1970er-

Jahren. Damals konnten Biologen in einigen Wäldern Mittelamerikas in einem Jahr noch große Goldkröten-Populationen finden – und schon im nächsten kein einziges Exemplar mehr. Bäche, ein paar Monate zuvor noch voller Eier und Kaulquappen, waren plötzlich klar und leer. Eigentlich schien der Wald sich überhaupt nicht verändert zu haben, nur das abendliche Krötenkonzert war verstummt. Die Fachwelt hatte keine Erklärung, schlimmer noch, sie wusste noch nicht einmal, in welcher Richtung sie nach dem Problem suchen könnte. Als man 1998 endlich den bis dahin völlig unbekannten Chytridpilz als Schuldigen identifizieren konnte, hatte er schon 60 Arten ausgerottet. Nur der Mensch hat noch mehr Arten auf dem Gewissen.

Wie genau er tötet, weiß immer noch keiner. Wahrscheinlich zerstört er die Schutzfunktion der Haut. Kröten und Frösche, die auch durch die Haut atmen, ersticken. Es ist ein langsamer Tod. Ungefähr zwei Wochen nach dem Pilzbefall sterben seine Opfer. Genug Zeit, einen neuen Wirt zu befallen. So zieht der Pilz eine Spur der Vernichtung durch Asien, Afrika, Europa, Nordamerika und durch die feuchten Tropen Australiens und Lateinamerikas, wo er besonders schlimm wütet. Sogar quer durch Deutschland verläuft so eine Front des Aussterbens. In der Eifel arbeitet sich ein enger Verwandter des Pilzes vorwärts und frisst die Haut von Salamandern.

Inzwischen sind etwa 32 Prozent aller Amphibienarten weltweit vom Aussterben bedroht. Das Wüten des Chytridpilzes geht genau genommen ebenfalls aufs Konto von *Homo sapiens*. Wahrscheinlich reiste er auf afrikanischen Krallenfröschen um die Welt, die gegen den Erreger immun sind. Diese Frösche wurden bis in die 1960er-Jahre als Schwangerschaftstest verwendet. Man injizierte ihnen Morgenurin von Frauen unter die Haut. Produzierten die Frösche Eier, ausgelöst durch die menschlichen Schwangerschaftshormone, waren die Frauen schwanger.

Heute gibt es andere Methoden, um eine Schwangerschaft festzustellen, aber der Chytridpilz ist in der Welt, und ein Gegenmittel gibt es nicht. Die Ausbreitung des Pilzes scheint unaufhaltsam zu sein.

Wenn Tiere, Pflanzen oder Pilze in ein neues Ökosystem eindringen und den dort etablierten Spezies den Garaus machen, sprechen Biologen von invasiven Arten. Hört sich ein bisschen militärisch an und war wohl ursprünglich auch so gemeint, weil die Landnahme und die Verdrängung anderer Arten an einmarschierende Armeen erinnert. Der wesentliche Unterschied zur normalen Ausbreitung einer Art besteht darin, dass der Invasor irgendwie ein Hindernis überwindet. Da kann ein Fuchs über den sonst nie zugefrorenen Fluss in einen neuen Wald gelangen oder ein Vogel seinen Kot auf eine Insel fallen lassen, nachdem er auf dem Festland die Samen eines Baumes gefressen hat. So was passiert. Oder, das dauert länger, die Umwelt verändert sich so stark, dass neue Lebensräume erreichbar werden, zum Beispiel wenn der Meeresspiegel fällt oder Eisbarrieren schmelzen.

Ohne solche Zufälle gäbe es auf den Malediven keine Palmen (zufällig angetriebene Nuss), auf Komodo keine Warane (Echse erreicht zufällig neue Insel) und in Amerika keine Bisons (Wisent findet zufällige Eiszeit-Landbrücke). Bio-Invasoren hat es immer schon gegeben – aber sie waren selten.

Heute sind sie überall. Neu ist vor allem die Geschwindigkeit, mit der Arten über den Globus gewürfelt werden. In den vergangenen fünfzig Jahren hat sich die Anzahl invasiver Arten verdoppelt. Ökosysteme haben keine Zeit mehr, sich anzupassen.

Eine Faustregel besagt, höchstens jede hundertste eingeschleppte Art werde irgendwann invasiv. Es muss viel zusammenkommen, damit eine Besiedlung erfolgreich ist: zunächst natürlich eine erfolgreiche Reise von Lebensraum A nach Lebensraum B. Dann das richtige Futter, geeignete Verstecke, natürlich auch Fortpflanzungspartner. Die Neuankömmlinge dürfen nicht sofort gefressen werden, sie müssen mit dem lokalen Klima genauso zurechtkommen wie mit den örtlichen Krankheitserregern und der Wasserversorgung. Sie müssen den Konkurrenzkampf mit den heimischen Arten gewinnen.

Ziemlich viele Bedingungen also. Invasion ist ein »numbers game«, ein Lotteriespiel, für einen Gewinn braucht es eine Menge Lose – und genau damit überschwemmt die Globalisierung die Welt. Denn allein in den Ballasttanks von großen Schiffen reisen an jedem einzelnen Tag 3000 verschiedene Spezies quer über den gesamten Planeten. Wie viele blinde Passagiere außerdem noch in Flugzeugen, Autos und Zügen unterwegs sind, lässt sich nicht mal annähernd schätzen.

Allein in den Großen Seen an der US-kanadischen Grenze leben heute 180 invasive Arten, die mindestens 100 Millionen Dollar Schaden jährlich verursachen. Für die gesamten USA liegen die Schätzungen bei 120 Milliarden Dollar pro Jahr. Die globale Neuordnung von Arten quer über den Globus schadet also auch der Wirtschaft massiv, und sie ist einer der wichtigsten Gründe für den Verlust von Biodiversität, weil jedes Ökosystem anders ist. Was an einem Ort gut funktioniert, kann anderswo großen Schaden anrichten.

So wie die Regenwürmer. In Europa sind sie die Lieblinge der Gärtner, in Kanada die Feinde der Förster. Hier lockern sie die Böden auf und verwandeln Pflanzenreste in Dünger. Dort verursachen sie ein Waldsterben. Weil während der letzten Eiszeit weite Teile Nordamerikas unter dicken Eispanzern begraben waren, haben dort keine Regenwürmer überlebt. Als es wieder wärmer wurde, stellten die Pflanzen sich auf eine Erde ohne sie ein. Herabfallendes Laub wird nicht gefressen und verdaut, sondern bedeckt als federnder Teppich den Waldboden. Blätter schichten sich über Samenkapseln, die zwischen Zweigen liegen. Hornmilben, Tausendfüßer und Springschwänze navigieren wie flinke Kuriere hindurch, es ist ein eigener Lebensraum mit ganz eigenen Arten.

Und in dieses Biotop werfen Freizeitangler ihre überzähligen Würmer, die sie irgendwo gekauft haben. Für die sind Kanadas Wälder ein Schlaraffenland. Ein paar Jahre brauchen sie, dann haben sie die Laubschicht vollständig vertilgt. Die in den Blättern gespeicherten Nährstoffe, die normalerweise gleichmäßig übers Jahr verteilt freigesetzt werden, stehen dadurch im Herbst, wenn sie nicht gebraucht werden, im Überfluss zur Verfügung – und im Sommer fast gar nicht, weil der Regen sie bis dahin fortgespült hat. Keimlinge können nicht mehr im Schutz der Blätterschicht sprießen, und der Wasserhaushalt im Boden wird durcheinandergebracht. Und dann werden die Bäume krank. Der gute Regenwurm ist zu einem bösen Bioinvasor geworden. Zu einem Artenkiller. So wie das europäische

Kaninchen und die hawaiianische Agakröte in Australien, wie das australische Possum in Neuseeland, der amerikanische Waschbär in Europa, die aus Neuguinea stammende Braune Nachtbaumnatter auf Guam oder die chinesische Wollhandkrabbe in der Elbe.

Wir schaffen eine neue Welt, in der geografische Hürden keine Rolle mehr spielen. Wir mischen Arten und Gene, ohne zu ahnen, was für eine Zukunft daraus erwachsen wird. Bis zu 16 Prozent aller Tier- und Pflanzenarten haben, schätzen Forschende von der Universität Wien, das Potenzial, sich außerhalb ihrer eigentlichen Heimat dauerhaft anzusiedeln. Zehntausende Bioinvasoren – der Mensch macht's möglich. Auf Kosten der Biodiversität.

5
Ein Fluss klagt an
Wie es wäre, wenn nicht nur Menschen Rechte hätten

> Weißt du, teilweise haben sie den Mississippi begradigt, um Platz zu schaffen für Häuser und bewohnbares Land. Gelegentlich überflutet der Fluss diese Orte. »Überschwemmungen« ist das Wort, das sie dafür benutzen, aber in Wirklichkeit ist es kein Überschwemmen; es ist Erinnern.
>
> TONI MORRISON, SCHRIFTSTELLERIN

Was ist das, ein Fluss? Auf der Landkarte nur eine sich schlängelnde blaue Linie, die den Norden der USA mit dem Meer im Süden verbindet, daneben in kleinen Buchstaben geschrieben: Mississippi.

Der Mississippi ist eines der größten Flusssysteme der Erde. Doch der Strom, einst Inbegriff von Größe und Wildheit des nordamerikanischen Kontinents, ist heute nur noch ein Zerrbild seines ursprünglichen Zustands. Seine Ufer sind verbaut und begradigt, die wilde Schönheit verschwindet hinter

Deichen. Sein Wasser ist verdreckt. Im Mündungsgebiet liegen riesige sauerstofffreie Todeszonen.

So wie mit dem Mississippi geht der Mensch auch mit tausend anderen Flüssen, Wäldern, Bergen, Seen und Küsten überall auf der Welt um. Das Schicksal des Mississippi ist nichts Besonderes, leider.

Ungewöhnlich ist, dass man von ihm auch eine andere Geschichte erzählen kann: eine der Hoffnung und des Aufbruchs. Denn während das Wasser wie seit vielen Jahrtausenden von der Quelle in Lake Itasca bis hinunter zum Golf von Mexiko fließt, haben an seinen Ufern Menschen den Kampf aufgenommen. Sie kämpfen mit neuen Waffen. Was sie wollen, ist nicht weniger als eine Revolution für die Natur.

Es sind nicht nur klassische Umweltaktivisten, die gegen Verschmutzung und den Bau neuer Pipelines protestieren (das auch), sondern Wissenschaftler, Juristinnen, Philosophen und vor allem amerikanische Ureinwohner, die für eine Idee streiten: Sie wollen dem Mississippi Rechte geben. Einen Rechtsstatus, so wie einem Menschen, einer Firma oder einem Verein. Denn dann ließen sich all die zur Rechenschaft ziehen, die den Mississippi ausbeuten, verschmutzen, missbrauchen und verletzen. Die Idee, Rechte für die uns umgebende Welt zu definieren, ist erst ein paar Jahrzehnte alt. Doch die Vorstellung, achtsam mit der Natur umzugehen, ist so alt wie die Menschheit selbst.

Da ist etwa Nancy Beaulieu vom Stamm der Minnesota Chippewa, der nah an der Quelle lebt: »Der Mississippi ist lebendig wie wir alle. Und er gehört uns allen«, sagt sie. Sie kämpft gemeinsam mit Robert Blake, einem Mitglied der Red

Lake Nation, der sagt: »Lasst uns damit beginnen, den Mississippi zu beschützen und uns um ihn zu kümmern, so wie er sich all die Jahre um uns gekümmert hat.«

Die Aktivisten fordern, den 3700 Kilometer langen Fluss als ein lebendiges Ganzes zu begreifen, mit dem Recht zu existieren, zu gedeihen und sich zu entwickeln. Weil er eben nicht bloß eine Sammlung von Ökosystemleistungen ist, sondern ein erhaltenswertes Allgemeingut, wollen sie dieses Recht im Gesetz verankern. Der Schutz des Mississippi soll vor Gericht einklagbar sein.

Die Idee ist revolutionär, weil sie die Beziehung von Mensch und Natur grundsätzlich anders definiert als fast alle Gesetzestexte auf dieser Welt. Das Recht der Natur fragt nicht, was Menschen einem Fluss abverlangen dürfen. Stattdessen geht es darum, was Menschen *für* einen Fluss, einen Wald oder einen See erreichen wollen.

Die ersten großen Städte am Lauf des Mississippi sind die Twin Cities Minneapolis und St. Paul. Er fließt mitten durch die Millionenzentren, gebändigt von Ufermauern, überspannt von Brücken. Wo der Mississippi Downtown Minneapolis berührt, ist seine Unterwerfung total. Mitten in der Stadt liegen die Saint-Anthony-Wasserfälle. Einst wanderten sie Jahr für Jahr flussaufwärts, weil die Strömung den weichen Untergrund langsam abschliff. Für die Uramerikaner, die hier seit 9000 Jahren lebten, waren die Wasserfälle ein heiliger Ort, für die Weißen nur ein Hindernis. Sie bauten ihre Mühlen an den Fluss, um Getreide zu mahlen. Sie brauchten dafür eine starke und gleichmäßige Strömung – keine wandernden Stromschnellen.

Sie betonierten das Flussbett, bauten Dämme und Schleusen, zogen Deiche hoch und raubten dem Mississippi seine wilde Freiheit. Die Unterwerfung des Flusses machte die Stadt reich.

Naturzerstörung ist ein Verbrechen

Bislang ist Natur im Sinne des Gesetzes kein Subjekt, sondern nur eine Sache. Man kann sie wie Eigentum betrachten und sie beinahe nach Gutdünken ausbeuten und zerstören – nicht nur in den USA, auch in Europa und eigentlich überall auf der Welt. Es gibt zwar Umweltschutzgesetze, aber die regulieren nur das erlaubte Maß der Zerstörung. Doch zunächst einmal sind Flüsse, Wälder, Seen und die Atmosphäre fundamental rechtlos.

So ungewöhnlich der Plan, der Natur Recht zu verleihen, auch klingt – es gibt Vorbilder. Das bekannteste Beispiel ist der neuseeländische Fluss Whanganui. Vor 140 Jahren unterschrieben die Maori und die Weißen einen Vertrag, in dem anerkannt wurde, dass der Fluss für die Würde und Spiritualität der Maori essenziell ist. Vor wenigen Jahren wurde er dann endlich erfüllt. Nun überwachen zwei Männer als Hüter und Wächter den Fluss, sie sollen für ihn sprechen, wenn es notwendig wird. In Indien haben der Yamuna und der Ganges besondere Rechte. Beide Flüsse sind extrem verdreckt, der Status als Rechtsperson soll helfen, ihren Zustand zu verbessern. In Ecuador steht Mutter Erde, *Pachamama,* sogar in der Verfassung.

Nun also der Mississippi? Im Quellgebiet ist sein Wasser noch ganz klar; ein stiller Fluss, der ohne Hast durch dichtes Schilf mäandert. Noch ahnt er nichts von der Größe, zu der er bis zur Mündung anschwellen wird. Bekäme Ol' Man River den Status einer Rechtsperson, so wie die Flüsse in Neuseeland und Indien, wäre das mehr als nur ein weiteres Beispiel. Es wäre ein Paradigmenwechsel, der Beginn von etwas Großem.

Ohne eigene Rechte lässt sich Natur nur schwer verteidigen. Als etwa der brasilianische Präsident Jair Bolsonaro 2019 an die Macht kam, gab er den Amazonas, den größten Regenwald der Erde, zur Vernichtung frei. Wenig später brannten die Wälder. Die schockierte Weltöffentlichkeit drohte mit Sanktionen, spendete Geld für Naturschützer. Aber im Grunde war man zum Zuschauen verdammt, während Kettensägen und Brände Hektar um Hektar unersetzlichen Wald fraßen. Es war eine ökologische Kriegserklärung, ein Verbrechen an der Natur, unter dem die gesamte Menschheit zu leiden haben wird, sogar alle Lebewesen auf der Erde. Dennoch ist der UN-Sicherheitsrat nicht zusammengekommen, wurden die Brandstifter nicht gestoppt, muss Bolsonaro nicht fürchten, sich vor einem Strafgerichtshof verantworten zu müssen. Warum nicht?

Ein Teil der Antwort: weil es dafür keine rechtliche Grundlage gibt. Weil es in der westlichen Gegenwart keinen Präzedenzfall gibt, kein Beispiel, wie Rechte der Natur formuliert und ihre Verletzung geahndet werden können. Dabei häufen sich seit einigen Jahren wissenschaftliche Berichte über die emotionale Tiefe und die Vernunftfähigkeit anderer Kreaturen. Elefanten können trauern, Delfine spüren Freude, Schimpansen Eifersucht.

Die sich immer deutlicher abzeichnende Komplexität und Empfindsamkeit von Tieren hat auch rechtliche Folgen. Noch nicht für die gesamte Natur, aber immerhin schon für die Fauna. In der Schweiz ist es inzwischen verboten, Hummer lebendig zu kochen. Österreich, die Niederlande und Neuseeland haben Tierversuche an Menschenaffen untersagt. In Deutschland sind Tiere seit 2002 keine bloße Sache mehr. Sie sind seither Mitgeschöpfe und genießen einen Rechtsstatus, der die »Freiheiten« ihrer Eigentümer beschränkt. Insbesondere sinnlose Quälereien sind verboten und können mit bis zu drei Jahren Haft bestraft werden. Eine solche Strafe, meinen Tierschützer, zeige, dass auch Tiere Träger des Grundrechts auf körperliche Unversehrtheit seien. Und damit, so geht die Rechtslogik weiter, seien sie auch Inhaber subjektiver Rechte. Kurz gesagt: Sie können klagen.

Schweine gegen Deutschland

Genau das machen nun deutsche Ferkel. Sie klagen vor dem Bundesverfassungsgericht. Eingereicht wurde die Klage von der Tierschutzorganisation PETA. Die Ferkel, erklärt deren Anwältin, wollten ein Verbot der Praxis, bei der ihnen ohne Betäubung die Hoden aus dem Körper gerissen werden. Millionen Ferkel sind von der betäubungslosen Kastration jährlich betroffen. Da, so die Ferkel-Anwältin weiter, die Rechtsordnung Tiere um ihrer selbst willen schütze, müssten sie auch als »nicht-humane Rechtspersonen« anerkannt werden.

Noch sehen das die meisten Richter und Richterinnen

offenbar anders, sie meinen, nur Menschen können Rechtsträger sein. 1988 nahm ein Hamburger Gericht die Klage von Robben gegen die Verschmutzung der Nordsee erst gar nicht an. 2010 lehnte der Europäische Gerichtshof es ab, einen Menschenaffen als juristische Person anzuerkennen. Und noch ist offen, ob die Schweine vorm Verfassungsgericht mehr Glück haben. Aber die Jurisprudenz kommt in Sachen Rechte für die Natur nicht mehr zur Ruhe, seit Christopher D. Stone 1972 mit seinem Aufsatz »Should Trees Have Standing?« für Aufsehen sorgte. Der Wald, um den es ging, durfte am Ende zwar nicht selbst vor Gericht ziehen, aber seither gibt es die sogenannte Verbandsklage. Sie erlaubt es Naturschutzorganisationen, im Namen der Natur vor Gericht zu ziehen. Das Recht für die Natur entwickelt sich.

Vielleicht klappt es ja auch am Mississippi. Um die Idee dahinter zu verstehen, muss man den Fluss als Ganzes begreifen: als geologisches System aus Wasser und Erde, als Lebensader einer hyperproduktiven Landwirtschaft, als Handelsstraße von globaler Bedeutung, als dynamisches Ökosystem mit unzähligen Arten, als Heimat der *Native Americans*.

Der Mississippi fließt durch das Heartland des amerikanischen Extraktionskapitalismus, der auf der Ausbeutung von Ressourcen basiert. Die Vernichtung von Natur und der massive Raubbau an ihren Ressourcen sind hier so augenfällig, so krass wie an nur sehr wenigen Orten der Erde. Entlang seiner Ufer kreuzen sich Straßen, Ölpipelines, Bahnlinien und Schiffsrouten wie Wurzeln im zu klein gewordenen Topf einer Zimmerpflanze. Die Gegend gehört zu den am stärksten vom Menschen veränderten Landschaften überhaupt. Die Fläche des Bundesstaates

Iowa etwa ist zu 70 Prozent von Mais-Monokulturen bedeckt. Der Mississippi fließt mitten durchs pulsierende Herz der amerikanischen Konsumgesellschaft, dessen Schläge überall auf der Welt spürbar sind: Schiffe, die mit Öl, Rohplastik, tiefgefrorenen Hähnchenteilen und Neoprenanzügen beladen sind, ergießen ihre Ladung in die Häfen von Shanghai, Abidjan, Rotterdam, Itaqui und Bremerhaven. So gesehen ist der Mississippi ein globaler Fluss. Hätte er das Recht auf Schutz, wäre das ein Beispiel für die ganze Welt.

Bislang aber sieht, wer den Fluss hinunterfährt, vor allem zweierlei: wie rücksichtslos er ausgebeutet wird. Und: wie viel mehr ein Fluss ist als ein Highway für Schiffe, ein Bewässerungskanal, eine Kloake und Müllkippe oder ein blauer Strich auf der Landkarte.

Ein Fluss und 40 000 Deiche

Was ist das, ein Fluss? Zuallererst einmal Dynamik, Bewegung, ständige Veränderung. Im Laufe der Zeit hat sich der Mississippi immer wieder neue Wege gesucht. Altarme wurden abgetrennt, Schleifen versandeten, natürliche Deiche, durch abgelagertes Sediment entstanden, brachen und eröffneten dem Wasser neue Wege. Heraklit nannte die ständige Veränderung »panta rhei«, alles fließt, aber man vergisst oft, dass bei einem Strom wie dem Mississippi *alles* tatsächlich *alles* bedeutet: nicht nur das Wasser selbst, auch die Ufer, die Tiere, Menschen und Pflanzen an seinen Ufern, selbst das Flussbett ist in ständiger Bewegung.

Diese Dynamik nervt viele, die den Fluss vor allem als Geldquelle sehen. Rund 600 Milliarden Dollar bringt der Mississippi jährlich durch Schifffahrt, Tourismus oder Wasserkraft ein. Damit das Geld ungehindert fließen kann, darf der Mississippi aber nur dort sein, wo die Menschen ihn haben wollen.

29 Dämme und Schleusen haben sie entlang des Flusslaufes gebaut, dazu 40 000 Deiche und Dutzende Häfen. Der Mississippi schleppt enorme Mengen Sediment vom Oberlauf zur Mündung, wo es im Laufe von Jahrtausenden das weitverzweigte Delta gebildet und die komplette Küstenlinie Louisianas geschaffen hat. Es gibt im Land keinen mächtigeren Ingenieur als den Mississippi.

Aber er hat menschliche Konkurrenz. Das US Army Corps of Engineers ist eine Unterabteilung des Militärs. Das Corps betreibt die Schleusen, baut und erhält die Dämme, es berechnet die Höhe der Deiche und baggert Sediment aus. Das Corps hat den Auftrag, den Willen des Mississippi zu brechen.

Der Wildreis, der für den Stamm der Ojibwe sowohl Nahrung als auch eine heilige Pflanze war, wächst seither nicht mehr an den Ufern des Flusses. Er ist verschwunden – und mit ihm die ursprüngliche Bevölkerung. Das ist die erste Lektion auf dieser Reise: Gewalt gegen Menschen und Gewalt gegen Natur sind nicht das Gleiche, gehen aber oft Hand in Hand. Und je genauer man hinsieht, desto unschärfer wird der Unterschied.

Die zweite Lektion: Natursysteme sind ein in Jahrzehntausenden fein ausbalanciertes Wechselspiel von klimatischen, geologischen, biologischen und auch menschlichen Einflüssen. Jede Veränderung hat an anderer Stelle Folgen, und je radika-

Die Grafiken

Die Belastungsgrenzen des Planeten
In welchen Bereichen wir das Erdsystem destabilisieren

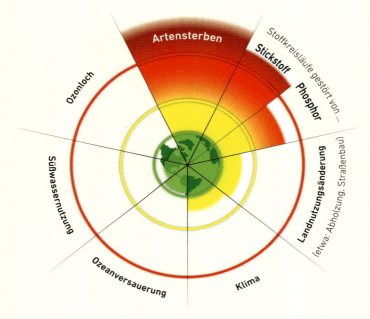

- ○ sichere Zone innerhalb der Belastungsgrenzen: kein Risiko der Destabilisierung
- ○ unsichere Zone: leichtes Risiko der Destabilisierung
- ○ Gefahrenzone: sehr hohes Risiko der Destabilisierung

Sind die planetaren Belastungsgrenzen überschritten, gerät das Erdsystem aus seinem Gleichgewichtszustand, der Leben für Menschen so komfortabel macht. Neun Grenzen sind identifiziert, sieben davon berechnet. Schon wenn nur eine Grenze in den Hochrisikobereich gerät, kann das Erdsystem beginnen zu kippen. Biodiversität und Klima sind unter den Grenzen des Gesamtsystems besonders wichtig, weil sie die Summe aller anderen sind. Je weiter außerhalb der sicheren Zone, desto größer die Wahrscheinlichkeit eines Zusammenbruchs.

Nicht abgebildet, weil die Grenze noch nicht berechnet ist: Umweltbelastung durch Chemikalien und Radioaktivität, Konzentration von Aerosolen in der Atmosphäre.

Quelle: Steffen, Will et al.: Planetary boundaries: Guiding human development on a changing planet, in: *Science*, 13. Februar 2015, 347, 6223, S. 736; https://science.sciencemag.org/content/347/6223/1259855

Das Leben stirbt
Wie viele Arten bedroht sind – eine Auswahl

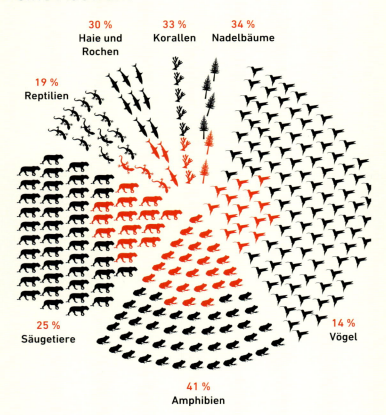

Im Laufe der Evolution sterben die meisten Arten wieder aus. Die Aussterberate hat sich durch menschliches Handeln allerdings dramatisch erhöht: Spezies verschwinden heute hundert- bis tausendmal schneller als in prähistorischen Zeiten. Diese Grafik zeigt, wie viel Prozent der jeweiligen Tier- und Pflanzengruppen aktuell bedroht sind. Die Zahl der abgebildeten Symbole entspricht jeweils der Artenvielfalt: von 607 Nadelbaumarten bis 10 966 Arten von Vögeln.

Quelle: IPBES: The global assessment report on biodiversity and ecosystem services. Summary for policy makers, 2019; https://ipbes.net/sites/default/files/2020-02/ipbes_global_assessment_report_summary_for_policymakers_en.pdf

Der Aufstieg der Menschheit ...
Zwölf Entwicklungen zeigen den Weg von *Homo sapiens* zur beherrschenden Kraft auf dem Planeten

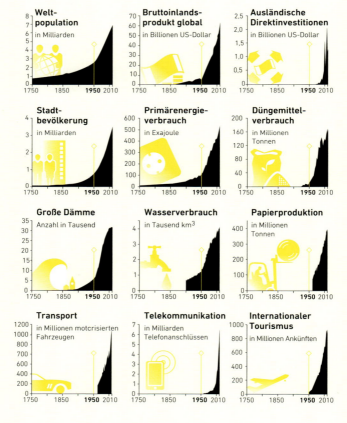

Alle Kurven auf dieser Doppelseite zeigen steil in eine Richtung: nach oben. Besonders ab Mitte des 20. Jahrhunderts steigen die sozioökonomischen Indikatoren alle gleichermaßen unkontrolliert an.

Quelle: Steffen, Will et al.: The trajectory of the Anthropocene. The Great Acceleration, in: *The Anthropocene Review*, 2015, 2 (1), S. 81–98

... und die Zerstörung der Natur
Die Indikatoren einer Erde auf dem Weg in den Abgrund

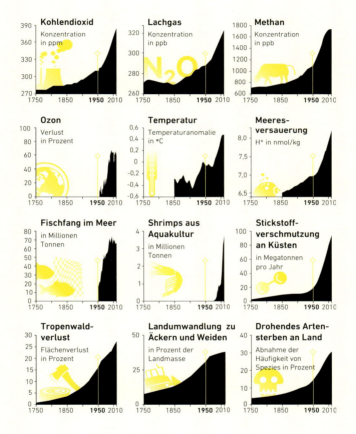

In der Umwelt zeigt sich ein ähnlicher Trend: Verschmutzung, Zerstörung und Umwandlung von Ökosystemen beschleunigen sich massiv. Man spricht deshalb ab circa 1950 von der Großen Beschleunigung. Sie markiert den Beginn des Anthropozäns, des Zeitalters des Menschen.

Der Weg in eine grüne Gesellschaft
In diesen Phasen könnte eine ökologische Transformation ablaufen

Diese Akteure können den Prozess jeweils entscheidend voranbringen:

Pioniere in …
- Wissenserzeugung
- Zivilgesellschaft
- Gerichten
- Politik

- Zivilgesellschaft
- Kommunikation/Medien
- Politik
- Etablierte Wirtschaft

- Politik

- Wirtschaft
- Politik

- Politik
- Wirtschaft
- Gerichte

So kann es gehen: Historische Transformationen wie die Abschaffung der Sklaverei oder die Installation einer hygienischen Wasserversorgung mussten verschiedene Phasen durchlaufen, bis sie zu ihrem Ziel gelangten. Der Prozess kann an verschiedenen Stellen im System unterschiedlich schnell ablaufen und auch jederzeit wieder in eine frühere Phase kippen. Zu verschiedenen Zeitpunkten spielen jeweils andere Akteure die entscheidenden Rollen.

Quelle für das Modell: Luise Tremel (unveröffentlichter Vortrag, Hamburg 2017) ler der Eingriff, desto dramatischer sind sie. »Keine Wirkung ohne Nebenwirkung«, heißt es in der Medizin, und das gilt auch in Ökosystemen.

Die Nebenwirkungen von Industrialisierung und Domestizierung werden bisher als Kollateralschäden der Moderne gleichgültig hingenommen. Die Menschen, die nun Rechte für die Natur fordern, wollen das ändern und schlagen vor, unserer Gesellschaft eine neue Geschäftsgrundlage zu geben. Es geht um nichts anderes als einen neu ausgehandelten Weltvertrag zwischen uns und all dem anderen Leben, mit dem wir diesen Planeten teilen. Und auf das wir angewiesen sind.

Weltrettung vor Gericht

In letzter Zeit haben Richterinnen und Richter mehr für den Umweltschutz getan als Regierungen. Gerichte ordneten den Rodungsstopp im Hambacher Forst an, Gerichte sprachen Fahrverbote in deutschen Innenstädten aus, Gerichte befahlen der polnischen Regierung, mit dem Kahlschlag des Białowieża-Urwalds aufzuhören. In den USA klagen sich Jugendliche durch die Instanzen, weil die Klimakrise ihnen das Recht auf Leben, Freiheit und Besitz nehmen würde, in Deutschland reichen junge Menschen eine Verfassungsbeschwerde wegen der Klimapolitik der Bundesregierung ein.

Sie werden unterstützt von einer wachsenden Gruppe professioneller Umweltanwälte, und die erfolgreichsten von ihnen findet man im Londoner Stadtteil Hackney. Hinter einem Café liegt das Büro von Client Earth. Siebzig Anwältinnen und Anwälte, viele von Eliteunis, schulen chinesische Richter im Umweltrecht, bieten der Fischereilobby die Stirn, beraten andere Umweltschutzorganisationen. Sie sind grüne Alchimisten, die einen Zaubertrank brauen wollen. Ein Elixier, das Wissenschaftlern, Politikerinnen und Umweltaktivisten jene Kräfte verleihen könnte, die ihnen im Kampf gegen finanzstarke Lobbyisten und internationale Konzerne bisher fehlten. Die Kräfte des Rechts.

Wer Unternehmen und Regierungen zwingen will, sich an Gesetze zu halten, muss dafür das eine Instrument aus dem Schrank holen, vor dem sich wirklich alle fürchten: Geld. Geld ist, wie die Juristen von Client Earth ständig betonen, die einzige Sprache, die ihre Gegner verstünden. Sobald die für Umweltschäden zahlen müssten, würde sich alles verändern. Die Liste der Erfolge belegt das.

Die Bilanz eines einzigen Jahres, 2019, nur in Europa: Die polnische Regierung muss den Plan beerdigen, ein 1,6-Gigawatt-Kohlekraftwerk zu bauen. Die Europäische Union verbietet Einwegplastik. In Deutschland gibt es vielerorts Dieselfahrverbote. BP wird wegen Greenwashing angeklagt. Die EU-Kommission muss härtere Regeln für den Umgang mit Chemikalien erlassen.

Nichts davon ist allein das Resultat von klassischer Umweltarbeit, es brauchte weder Petitionen noch Proteste. All das konnte aufgrund bestehender Paragrafen erreicht werden, einfach nur, indem geltendes Recht von Ökokanzleien durchgesetzt wurde, die sich den gut ausgestatteten Rechtsabteilungen von Verbänden, Behörden und Firmen entgegenstellen. Und die mit Schadensersatzklagen drohten, mit Bußgeldern und

Mittelkürzungen. An den Gerichten hat sich eine neue Front des Naturschutzes eröffnet.

Ein alter Fisch und sein Problem

Ein gutes Beispiel, um das gegenwärtige Verhältnis von Mensch und Natur zu studieren, ist *Acipenser fulvescens,* ein Stör, der in den Seen und Flüssen Nordamerikas lebt. Auch im Mississippi.

Die Fische sehen aus wie Relikte eines vergangenen Erdzeitalters, und das sind sie auch. Sie schwammen schon im Trias in den Gewässern unseres Planeten, vor mehr als 245 Millionen Jahren. Sie sind mehr als 800-mal so lange auf der Erde wie wir Menschen. Aber von Respekt vor den Älteren zeigen wir keine Spur.

Auf einem Schild an der Straße steht »Genoa National Fish Hatchery«, gleich daneben kann man ein Dutzend geometrisch angelegter Teiche sehen. Die Hatchery ist eine Zuchtanlage für bedrohte Fisch- und Muschelarten. Siebzig solcher Anstalten gibt es in den USA, und der Star in Genoa ist der Seestör. In einem länglichen Gebäude stehen eine Handvoll Wassertanks in der Größe von Gartenpools. Blasen steigen aus Schläuchen auf und zwischen den Blasen schwimmen Hunderte Jungstöre, jeweils so groß wie eine Kinderhand. Knochenplatten schützen die Störe vor Fressfeinden, ihr Kopf endet in einem spitzen Maul, von dem vier kleine Barteln hängen.

Als die weißen Siedler vor einigen Jahrhunderten begannen, hier ihre Netze auszuwerfen, verfingen sich immer wieder

Störe darin. Die Fischer töteten die Tiere aus Zorn darüber, dass sie ihnen die Netze kaputt machten. Denn Störe werden alt, und Störe werden groß.

Die Siedler verbuddelten die Beifangfische als Dünger auf ihren Äckern, verfeuerten sie getrocknet in den Kesseln der Dampfschiffe oder verfütterten sie an Schweine. Dann sprach sich herum, wie wertvoll ihr Kaviar ist. Aus der Plage wurde eine Delikatesse und dann recht bald eine gefährdete Art.

Ein Mitarbeiter des amerikanischen Fish and Wildlife Service, der die Zuchtanlage betreibt, steht neben einem der Wassertanks und erzählt: »Dieses Jahr war ziemlich gut, wir haben 180 000 Störe produziert. Wir schiffen sie überallhin, New Mexico, New York, Tennessee, Georgia, Maine. Ist gar nicht so einfach. Erst kriegen sie Salzkrebschen zu fressen, später gibt's Blutwürmer, dann Krill. Guck«, sagt er und hebt den Deckel einer Styroporkiste an. Darin liegen Blutwürmer, zu einer Tafel gefroren und tiefrot. »Das Zeug kriegen wir aus China.«

Die Geschichte der Zuchtanlage begann in den 1930er-Jahren, zur gleichen Zeit, als ein Großteil der Dämme und Schleusen am Fluss gebaut wurde. Die Mississippi-Schifferei boomte, und der Fluss wurde für viele Arten wie den Seestör zu einer unüberwindbaren Barriere. Eine Broschüre des Fish and Wildlife Service erzählt die Geschichte so: »Fischpopulationen sind aus Seen, Bächen, Flüssen und Küstengewässern überall in den USA verschwunden oder geschrumpft ... Mit dem Wachstum der menschlichen Population werden die Probleme größer, und es liegt an uns allen, sie zu lösen. Mit der Hilfe von Partnern arbeiten die nationalen Zuchtanlagen daran, Amerikas Fischen und anderen Wasserlebewesen eine glänzende Zukunft zu sichern.«

Es ist ein erstaunliches Zitat, bemerkenswert sowohl in seiner Diagnose als auch in seiner Weigerung, die richtigen Schlüsse zu ziehen. Die Broschüre identifiziert als Auslöser das Bevölkerungswachstum (und nicht etwa das noch viel stärker steigende Konsumniveau, das kaum irgendwo höher ist als in den USA), und sie weigert sich zu sehen, dass die Zuchtanlage als vermeintliche Lösung aus dem gleichen Geist geboren ist wie das Problem: Wo Natur im industriellen Maßstab produziert wird, kann man keine Revolution erwarten.

Wer Menschen schützen will, muss Natur schützen

Konsequent wäre es, nicht isoliert auf Arten zu blicken und Störe in künstlichen Teichen nachzuziehen, sondern den Fluss als etwas Unteilbares zu betrachten. Wie einen Organismus, den man nur in seiner Ganzheit vor Zerstörung schützen kann.

Dabei geht es nicht darum, ob ein Fluss befahren und ein Baum gefällt werden darf. So etwas bleibt erlaubt, und niemand will es verbieten. Aber es soll ein Bewusstsein dafür entstehen, dass der Fluss Flussrechte, der Stör Störrechte und der Baum Baumrechte hat.

Die Natur, die uns umgibt, ist nicht nur ein Haufen unbelebter Materie, sondern hat eine Innenwelt. Die ist so kolossal anders als die unsere, dass es schwerfällt, dafür Worte zu finden. Aber Experimente haben gezeigt, dass Honigbienen pessimistisch sein und Sumpfkrebse Angst vor dem Dunkel haben können. Dass Pflanzen über Netzwerke aus Wurzeln und Pilzen miteinander kommunizieren. Wir begreifen langsam, dass immer mehr Lebewesen um uns herum nicht einfach nur sind, sondern auch fühlen.

Für viele Indigene sind solche Gedanken nicht revolutionär, sondern seit Jahrtausenden Teil ihrer Kultur. Sie denken auf diese Weise auch an Berge, Wälder, Flüsse. Es ist kein Zufall, dass die entscheidenden Impulse in der Bewegung für Rechte der Natur von indigenen Gemeinschaften kommen, deren Vorstellungen nicht vom westlichen Wertesystem überprägt worden sind. Denn darin definiert der Mensch seine Rolle als Eigentümer der Biosphäre. Er gesteht ihr nicht zu, selbst Träger von Rechten zu sein. »Die Vorstellung, dass die Natur lediglich eine Sammlung von Dingen ist, die dem Menschen zur Verfügung stehen, ist eine der universellsten und am weitesten akzeptierten der menschlichen Gesellschaft«, schreibt dazu der Jurist und Umweltexperte David Boyd in seinem Buch *Die Natur und ihr Recht*. Boyd ist nicht nur Juraprofessor, sondern auch Sonderberichterstatter für Menschenrechte der Vereinten Nationen. Er ist sich sicher, dass der Schutz der Natur schon immer auch eine Frage des Schutzes von Menschen war. Deswegen kämpft er für ihren Erhalt.

Bei Minneapolis fließt der Minnesota River in den Mississippi, dessen Wasser hier noch an schwarzen Tee erinnert. Der Minnesota hingegen ist milchig, denn er ist voller Nährstoffe und Sedimente. Vieles davon stammt von Äckern der industriellen Landwirtschaft in seinem Einzugsgebiet. Vor allem Phosphor und Stickstoff werden als Kunstdünger oder in Form von

Gülle auf die Felder gebracht. Wo die beiden Flüsse sich vereinigen, verläuft für eine Weile eine sichtbare, klar abgegrenzte Linie im Wasser: Es ist, als würden sie einander abstoßen. Was hier passiert, hat einen halben Kontinent weiter südlich Konsequenzen, an der Mündung. Im Golf von Mexiko liegen nicht nur die größten Öl- und Gasvorkommen der USA, sondern dort arbeitet auch die größte Fischereiindustrie des Landes.

Schaut man sich eine Karte des Einzugsgebiets des Mississippi an, ähnelt der Fluss einem knorrigen Baum, der seine gewundenen Zweige in alle Richtungen streckt. Seine Wurzeln sind das vogelfußförmige Delta, das der Fluss selbst geschaffen hat, indem er über zehntausend Jahre viele Milliarden Tonnen Sediment herantrug. So trotzt der Fluss dem Meer Land ab, und für das Leben im Golf war er lange ein Förderband, das die raren Nährstoffe brachte, nach denen alles hier gierte.

Heute ist das anders. Jede Pflanze braucht Phosphor und Stickstoff, im Boden sind die beiden Elemente nur in geringen Mengen vorhanden. Doch der Mississippi transportiert nun astronomisch große Mengen davon in den Golf. Sie stammen vor allem von den Feldern der Agrarindustrie, die im Mittleren Westen in enormem Maßstab fast ausschließlich Mais und Soja anbaut. Das wird zu Tierfutter verarbeitet. Stromabwärts stehen die Abnehmer dafür: »concentrated animal feeding operations«, riesige Mastanlagen für Schweine, Rinder, Hühner, manche mit mehreren zehntausend Tieren.

In den Vereinigten Staaten fallen etwa dreizehnmal so viele tierische Fäkalien an wie menschliche, und der ganze Mist muss irgendwo hin. Die Entsorgungsmethoden sind abenteuerlich: Ein Teil des Schweinedungs, der relativ flüssig ist, wird in die Luft geblasen und vom Winde verweht. Irgendwohin. Die meiste Gülle jedoch landet als Dünger auf Feldern. Es gibt keine Mengenbegrenzung. Einen Teil können die Pflanzen aufnehmen, doch nicht alles. Der große Rest wird vom Regen in den Mississippi gespült und von ihm in den Golf von Mexiko getragen. Dort freuen sich Algen über die massenhaft vorhandenen Nährstoffe. Ähnlich wie die Kieselalgen in der Antarktis wachsen und wachsen und wachsen sie hier zu gigantischen Teppichen heran, die nach ihrem Absterben und Absinken auf den Meeresboden dort für sauerstoffarme Todeszonen im Wasser sorgen, in denen kaum ein Lebewesen existieren kann. Der Ozean erstickt. Eine Wüste am Meeresgrund, geschaffen von der industriellen Landwirtschaft 1500 Kilometer weit entfernt. In manchen Jahren erstrecken sich diese Todeszonen im Golf von Mexiko über mehr als 2 000 000 Hektar. Am Ende leiden auch die Menschen darunter. Denn die Fischer holen immer öfter leere Netze aus der Tiefe.

»Sacrificed zones« nennt man solche Regionen, geopferte Zonen. Den Wohlstand der reichen Farmer im Norden müssen die Fischer im Süden bezahlen. Die dritte Lektion, die der Mississippi lehrt: Wenn niemand für seine Handlungen zur Rechenschaft gezogen wird, ändert sich nichts.

Wäre der Mississippi eine Person, könnte man in seinem Namen die Verantwortlichen verklagen. Nicht weil sie gegen Umweltauflagen verstoßen. Sondern weil zu viel Dünger Gift ist und das dem Recht des Flusses auf Unversehrtheit entgegensteht. Bauern müssten dann Strafen zahlen, genau wie die Betreiber von Mastanlagen oder Ölraffinerien. Weil sie die Gesundheit und die Würde des Flusses antasten. Der Kniff an der Forderung der Aktivisten: Als Rechtsperson wäre der Mississippi selbst Empfänger der Straf- und Bußgelder. Das Geld käme dann nicht mehr einfach dem Staatshaushalt von Louisiana zugute, sondern könnte in Renaturierungsmaßnahmen gesteckt werden wie Deichrückverlegungen oder den Abbau von Staudämmen. Es würde den Fluss gesünder machen.

Verbrechen: Ökozid

Um es einmal klar zu sagen: Umweltverbrechen sind Verbrechen an Menschen. Immer. Wer Abwässer in einen Fluss leitet, wer Luft verschmutzt, vergiftet Pflanzen, Tiere und schließlich auch Menschen. Wer wissentlich in Kauf nimmt, dass große Mengen klimaschädlicher Gase in die Atmosphäre gelangen, nimmt fahrlässig das Leiden von Menschen in Kauf.

Ökozid, die großskalige Vernichtung von Biodiversität, ist ein Verbrechen gegen die Menschlichkeit, und als solches sollte es behandelt werden. Wird es aber nicht. Ein Versuch, Naturzerstörung in das Römische Statut des Internationalen Strafgerichtshofs aufzunehmen, scheiterte 1996. Doch dank der Organisation Ecological Defence Integrity wird die Idee heute wieder diskutiert. »Wir brauchen eine Erweiterung unserer kollektiven Verantwortung, wir müssen uns um die gesamte lebendige Welt kümmern«, sagte die verstorbene Gründerin Polly Higgins, »die Erde braucht einen guten Anwalt.«

Tatsächlich könnte eine persönliche Haftung Machtstrukturen verschieben. Denn wenn Managerinnen oder Regierungschefs tatsächlich für die Naturzerstörung ihrer Unternehmen oder Behörden zur Verantwortung gezogen werden können, wenn sie Geldstrafen befürchten müssen oder sogar ins Gefängnis gesteckt werden können, dann wären das ganz neue Spielregeln. Bisher muss niemand fürchten, für die Waldbrände in Australien oder die Vernichtung von Fischgründen im Atlantik zur Verantwortung gezogen zu werden. Die Zerstörung der menschlichen Lebensgrundlagen ist keine Straftat und wird nicht geahndet.

Tragedy of the Commons

Bauern sind keine bösen Menschen. Viele von ihnen stehen unter enormem ökonomischem Druck. Sie müssen aus ihren Äckern und ihren Tieren so viel Gewinn herauspressen wie möglich, um überleben zu können. Wenn dabei Gülle im Mississippi landet und in den Golf gewaschen wird, dann ist das ärgerlich – aber die Bauern werden weder juristisch zur Verantwortung gezogen, noch müssen sie für die Umweltschäden bezahlen. Genauso wenig wie die riesigen börsennotierten Fleisch- und Futtermittelkonzerne. Sie streichen die Gewinne ein und wälzen die Folgekosten auf die Allgemeinheit, zukünftige Generationen und die Natur ab. Es ist die »Tragedy of the Commons«, die Tragik der Allmende, des Gemeinschaftseigentums, beschrieben 1968 von Garrett Hardin im Magazin *Science*. Kurz erzählt geht die Tragödie so:

Ein paar Bauern teilen sich eine Gemeinschaftswiese, die Allmende. Jeder von ihnen treibt gleich viele Rinder dorthin, insgesamt aber nur so viele, dass die Wiese nicht überweidet wird. Dann verdoppelt ein Bauer die Zahl seiner Rinder. Das Gras auf der Gemeinschaftswiese wächst nun ein bisschen weniger gut. Aber einer der Bauern ist jetzt doppelt so reich wie die anderen. Sie wissen zwar alle, dass eine Wiese eingeht, wenn zu viele Tiere auf ihr herumtrampeln. Sie sind aber auch egoistisch, und so fragt sich jeder Einzelne, warum ausgerechnet er sich an die Regeln halten soll, wenn die Weide doch nun ohnehin übernutzt ist. Also treiben alle Bauern mehr Kühe auf die Allmende. Schnell verwandelt sich die grüne Wiese in ein Matschfeld, auf dem gar keine Rinder mehr grasen können. Jeder hat es kommen sehen. Aber jeder hat auch gewusst, dass es nichts bringt, als Einziger bescheiden zu bleiben, denn dann wäre die Wiese trotzdem von den anderen zerstört worden. Und er hätte außerdem noch weniger verdient als alle anderen. Am Ende haben alle alles verloren. Eine Tragödie.

Kommt Ihnen diese Geschichte bekannt vor? Die »Tragedy of the Commons« ist inzwischen eine globale Geschichte, die sich tausendfach wiederholt. In den überfischten Meeren, in der mit Treibhausgasen angereicherten Atmosphäre, im mit Gülle verseuchten Mississippi. Jeder Mensch nutzt das Allgemeingut Natur – bis es für alle verloren ist.

Doch die Tragödie muss kein trauriges Ende haben, das beweisen etwa die Forschungen der Wirtschaftsnobelpreisträgerin Elinor Ostrom. Sie zeigt, dass in Eigenregie gemanagtes Gemeindeeigentum dauerhaft sogar die höchsten Erträge liefern kann. Voraussetzung: Es gibt Regeln, Verbote, Gesetze. So wie früher. Man kann, wie der italienische Juraprofessor Ugo Mattei argumentiert, die Wirtschaftsgeschichte seit dem

Mittelalter als einen Angriff des Kapitals auf die gewachsenen Allmendestrukturen lesen. Schritt für Schritt wurden immer mehr Boden und Wasser, wurden ein See und ein Wald nach dem anderen privatisiert. Was früher allen gehörte, ist heute ein Geschäft für wenige.

Spätestens da sind wir wieder beim Mississippi. Weil einige an seiner Ausbeutung gut verdienen, wird mit ihm so rücksichtslos umgegangen. Die Allgemeinheit bleibt auf den ökologischen und sozialen Kosten sitzen.

Gäbe es starke Rechte für die Natur, wäre das anders. Der Philosoph Daniele Dell'Agli stellt unser Eigentumsrecht sogar grundsätzlich infrage: »Pachten, bewirtschaften, nutzen nach strengen, gemeinwohlorientierten Regeln ja – aber ohne Eigentumstitel. Ohne das Recht und die Macht, Menschheitsbesitz verkaufen, verzinsen, vernutzen oder als erpresserischen Pfand einsetzen zu können.« Der Kapitalismus habe seine für Umwelt und Menschen zerstörerische Kraft erst mit Rückendeckung eines liberalistischen Eigentumsrechts entfalten können. So wie in Donaldsonville, Louisiana, bei Flussmeile 173,6. Dort steht eine Fabrik und endet eine Pipeline.

Donaldsonville liegt zwischen Baton Rouge und New Orleans. Man findet kaum einen Ort in den USA, wo sich mehr Anlagen der petrochemischen Industrie drängen. Die Einwohner hier haben einen Spitznamen für ihre Region, sie nennen sie »Cancer Alley«. Krebsallee.

Die Wahrscheinlichkeit, an Krebs zu erkranken, ist hier in manchen Gemeinden bis zu 700-mal so hoch wie im Durchschnitt des Landes. Mehr als siebzig Ölraffinerien, Fabriken für Dünger, Plastik, Neopren, Hütten für die Produktion von

Stahl oder Aluminium stehen in diesem Abschnitt des Mississippi dicht an dicht. Was hier hergestellt wird, verteilt sich über die ganze Welt. Doch die Käufer in Hamburg, Hanoi oder Hurghada ahnen nichts von den Giften, die bei ihrer Produktion entstanden sind.

In Donaldsonville aber atmet jeder Mann, jede Frau, jedes Kind das Gift. Der Ort, in dem 75 Prozent Afroamerikaner leben, deren Einkommen deutlich unter dem nationalen Durchschnitt liegt, ist eine »geopferte Zone«. Man könnte die gesamte Cancer Alley so bezeichnen. Ein menschlicher und ökologischer Kollateralschaden, der sich nun einmal leider nicht vermeiden lässt, will man Geschäfte machen.

Neunzig Tage braucht ein Tropfen im Mississippi von der Quelle bis zur Mündung. Dort sind die vielen Tropfen zusammen unwahrscheinlich mächtig – und die Hybris derer, die glauben, den großen alten Fluss gezähmt zu haben, wird sichtbar. Denn mit jedem Zentimeter, den sein Bett tiefer gebaggert wird, mit jedem Meter, um den die Deiche erhöht werden, steigt die Energie der Wassermassen. Mehr Wasser auf weniger Raum bedeutet mehr Gewalt. Eines ihrer Opfer: New Orleans.

Von dort aus ist es nicht mehr weit bis zur Mündung. Um den großen Frachtern, Tankern und Containerschiffen den Weg abzukürzen, legte das Army Corps of Engineers in den 1960er-Jahren einen Kanal an. Der Mississippi River Grand Outlet, kurz Mr. Go, verschlang Milliarden. Beworben wurde er mit dem Slogan: »Der Mississippi hat eine gute Verbindung zum Meer gebaut. Wir bauen eine bessere.« Es war ein Statement des Größenwahns, und zwar eines mit einer bitteren Pointe.

Viel weniger Schiffe als erwartet benutzten Mr. Go. Dafür konnten Hurrikans nun eine Abkürzung nach New Orleans nehmen. Gleich zwei Mal trugen zerstörerische Stürme über Mr. Go Flutwellen in die Stadt hinein, rissen Häuser weg und töteten Menschen. Zuletzt 2005 Katrina, die hier wütete. In New Orleans leben heute 250 000 Menschen weniger als vor dem Sturm, weil so viele ihr Zuhause verloren. Vor allem die Ärmeren, die ohne Versicherung, ohne Sparbuch, ohne Aktiendepot, mussten für den Größenwahn bezahlen.

Ein See verschwindet irgendwann, trocknet aus, wächst zu. Ein Fluss hingegen stirbt nicht so leicht, der Mississippi hat ein langes Leben. Er ist stärker als menschliche Ingenieurskunst, stärker als all die Dämme und Deiche. Er ist geduldiger als Beton, er rechnet in Jahrtausenden. Mark Twain hat über den Mississippi geschrieben: »Er lässt sich nicht Gewalt antun und einengen; man kann ihm nicht befehlen: fließe hier, fließe dort, und ihn zum Gehorsam zwingen. Ein Uferland, das er fortschwemmen will, vermag niemand zu retten, jedes Hindernis, das seinen Lauf hemmen soll, reißt er nieder oder springt darüber hinweg und spottet des ohnmächtigen Versuchs.«

Was also ist ein Fluss: ein Highway? Eine blaue Linie auf der Landkarte? Eine spirituelle Quelle? Ein Lebensraum und eine Vorratskammer? Ein Ort der Hybris? Eine technische Herausforderung?

All das und mehr. Aber der Mississippi bleibt stumm. Doch das sind Unternehmen, Stiftungen, Demenzkranke, Städte, Staaten und Kinder auch. Trotzdem haben sie Rechte. Aus sehr guten Gründen. Sie werden so vor Ausbeutung und Zerstörung geschützt. Das war nicht immer so.

In *Die Abstammung des Menschen* beschreibt Charles Darwin, wie sich unsere Moral im Laufe der Geschichte unserer Art immer mehr ausweitete. Anfangs umfasste sie nur uns selbst und unsere engsten Familienmitglieder. Nach und nach interessierte *Homo sapiens* sich auch für »das Glück all seiner Mitmenschen«, später »wurden seine Sympathien zärtlicher« und schlossen auch Menschen mit Behinderung, Versehrte, schließlich Tiere ein.

Es ist Zeit für noch mehr zärtliche Sympathie. Als wir begriffen, dass sich die Sonne nicht um uns drehte, ging das Mittelalter zu Ende. Heute lernen wir, dass wir nicht die einzigen Wesen mit Gefühlen, Gedanken, einer Innenwelt sind. Doch noch blendet unser Rechtsverständnis diese Erkenntnis konsequent aus. Um ihr Rechnung zu tragen, müssen wir unsere Moral ausweiten. Und wenn Aktiengesellschaften Rechte haben können, gibt es keinen Grund, sie dem Mississippi zu verweigern.

6

Selbstlose Vampire

Der Kapitalismus im Zeitalter der Ökologie

> Lasst uns Krieg gegen die Natur führen!
> Lasst die Berge und Flüsse unter unseren Füßen kapitulieren!
> Marschiert gegen die Natur!
>
> MAO ZEDONG, DIKTATOR

Thandi hat schon erlebt, wie grausam die Menschen sind und wie mitfühlend. Sie wurde verstümmelt, sie wurde gerettet. Und jetzt verkörpert sie die Hoffnung.

Die Männer, die es auf sie abgesehen haben, schleichen im Schutz der Dunkelheit heran. Sie tragen Gewehre, Äxte und Buschmesser. Sie zertrümmern Thandis Schädel. Immer wieder schlagen sie auf das Tier ein, immer tiefer graben sich die Klingen in Thandis Kopf. Sie hacken weiter, bis die Wurzel des Horns frei liegt. Sie wollen jeden Millimeter. Den Körper des Breitmaulnashorns rühren sie nicht an. Sie haben kein Interesse an Fleisch, sie brauchen keine Nahrung. Sie wollen nur Geld.

Hinter den Schlächtern, die im Schutz der Nacht die blutige Drecksarbeit erledigen, stehen internationale Syndikate, millionenschwer, bis an die Zähne bewaffnet, skrupellos. Denn sie wissen, dass Thandis Horn auf Märkten in Asien höhere Preise als die gleiche Menge Gold oder Kokain erzielt. Solche Gewinne streichen sonst nur Drogen- oder Waffenhändler ein. Die internationale Wildtiermafia kontrolliert das blutige Geschäft mit Nashorn-Horn, Elfenbein, Pangolin-Schuppen, Haiflossen, Schwimmblasen und all den anderen Schmuggelwaren aus der Wildnis. Daraus werden obskure Arzneimittel, exotische Suppen oder Protzschnitzereien hergestellt. Dinge also, die im Grunde niemand braucht. Internationale Banden setzen jedes Jahr bis zu 20 Milliarden Euro mit illegal gehandelten Tierprodukten um, das zeigen Zahlen von Interpol. Weil es um so viel Geld geht, werden Wilderer, die häufig sehr arm sind, zu Mördern. Ranger, die sich ihnen in den Weg stellen, leben gefährlich. Jeden zweiten Tag wird irgendwo auf der Welt ein Umweltschützer getötet. In einigen Regionen ist Artenschutz wie Krieg.

Die Wilderei verkörpert die nackte und besonders rücksichtslose Form der profitgetriebenen Naturzerstörung. Hier wird einer der mächtigsten Urtriebe sichtbar, der in uns wirkt: der Egoismus. Dabei ist Egoismus nur ein Gefühl von vielen, das uns die Evolution eingeimpft hat. Einige davon widersprechen sich, dem Egoismus etwa steht der Altruismus gegenüber. Unsere Vorfahren brauchten all diese Empfindungen gleichermaßen, schreibt der Soziobiologe E. O. Wilson. Denn nur mit einer »sorgfältig austarierten« Kombination aus »Altruismus, Kooperation, Konkurrenz, Dominanz, Reziprozität, Abtrünnigkeit und Betrug« war eine Frühmenschenhorde als Team so leistungsfähig, dass sie im Wettbewerb mit anderen Gruppen bestehen konnte. Die Mischung macht's.

Die Natur des Menschen

Gut und Böse sind keine Erfindungen der Moralphilosophie – die beschäftigt sich eher damit, diese Kategorien zu ergründen, also mit Fragen wie der, was wir eigentlich für gut und was wir für böse halten, warum wir so urteilen und wie sich diese Urteile im Laufe der Zeit verändert haben (und sie haben sich dramatisch verändert). Doch es war die Evolution, die uns diese Grundzerrissenheit in die Wiege gelegt hat. »Damit war die Natur des Menschen geboren, mit ihrem Egoismus und ihrer Selbstlosigkeit«, sagt Wilson. Im Spannungsfeld dazwischen sind wir zu denen geworden, die wir heute sind. Wir haben eine dunkle Seite, sie ist genauso ein Teil von uns wie Zärtlichkeit, Rücksichtnahme oder Liebe.

Wir können Gier und Egoismus nicht einfach durch moralische Appelle wegzaubern, wir können aber durchaus die Normen und Werte, die eine Gesellschaft ausmachen, weiterentwickeln und dem Egoismus damit Grenzen setzen. Die Abschaffung der Sklaverei und die Gleichberechtigung der Frauen sind Beispiele dafür, wie lange für selbstverständlich gehaltene Hierarchien überwunden werden können. So tarieren wir unsere gegensätzlichen Gefühle im Sinne von Wilson ständig neu aus, passen uns und unsere Gesellschaft an sich verändernde Rahmenbedingungen an, damit die globale

Horde funktioniert. In unseren Widersprüchen steckt eine Menge Energie. Sie gilt es zu nutzen.

Wie fürchterlich schief alles läuft, wenn die Balance verloren geht, zeigt das Wilderei-Geschäft. Dort regieren bloß Gier und Gewalt. Das Perverse dabei: Je seltener eine Tierart ist, desto wertvoller wird sie für die Wilderer. Denn wenn es weniger Tiere gibt und diese besser bewacht werden, lohnt sich die Jagd immer noch, weil die Gewinne steigen. Das letzte lebende Nashorn ist das teuerste.

Thandis Schicksal ist außergewöhnlich. Als die Wildhüter im südafrikanischen Kariega Game Reserve sie am Morgen nach dem Überfall in einer Blutlache entdecken, glaubt niemand, sie werde überleben. Doch entgegen aller Wahrscheinlichkeit schlägt ihr Herz weiter. Veterinäre, Ranger und freiwillige Helfer kämpfen lange um ihr Leben. Die Notversorgung, die Hauttransplantationen, die Pflege und die Zuwendung – das alles kostet viel Zeit und noch mehr Geld. Aber der Einsatz macht sich bezahlt. Die Nashornkuh trottet nun wieder durch die Savanne – und hat inzwischen sogar drei Kälber zur Welt gebracht.

Ihr Horn verschwand spurlos im Schlund des Schwarzmarktes. Wahrscheinlich wurde es längst auf irgendeinem Markt in China oder Vietnam grammweise an Menschen verkauft, die mit dem wirkungslosen Pulver ihre Leiden behandeln. Genauso gut könnten sie auch ihre eigenen Fingernägel verspeisen, denn das Horn besteht ebenfalls fast nur aus Keratin – aber gegen Aberglauben sind Tatsachen machtlos. Solange die Nachfrage groß ist, wird die Wilderei weitergehen.

Sie ist die krasseste Form der von Gier getriebenen Umweltvernichtung.

Doch auch die legale Ausbeutung natürlicher Ressourcen hat desaströse Folgen. Wer die Kobaltminen im Kongo, die Ölquellen in Nigeria, die brennenden Regenwälder in Brasilien oder die Ölsand-Felder in der kanadischen Provinz Alberta mit eigenen Augen gesehen hat, kann zwischen den Auswirkungen legaler und illegaler Naturvernichtung kaum einen Unterschied erkennen.

So werden gerade durch die völlig rechtmäßige Ölförderung rund um das kanadische Fort McMurray Hunderte Quadratkilometer sensible, subarktische Wildnis in eine vergiftete Industriebrache verwandelt. Aus der Luft sieht das einstige Naturparadies inzwischen aus wie eine dystopische Filmfantasie für die nächste *Mad-Max*-Produktion.

Verboten oder erlaubt, hinter Thandis Verstümmelung und den Verwüstungen in Alberta steht das gleiche Motiv: Gier.

Der freie Markt

Wie sehr persönliches Gewinnstreben dem Gemeinwohl schaden kann, zeigt ein historisches Beispiel aus der Welt der Aktiengesellschaften: 1919 stand der Autopionier Henry Ford vor Gericht. Verklagt hatten ihn die Dodge-Brüder, die etwa zehn Prozent der Ford Motor Company besaßen. Was mit den gewaltigen Gewinnen des Autokonzerns geschehen solle, machte Henry Ford sehr klar: »Es ist meine Absicht, noch mehr Menschen einzustellen, um die Gewinne dieses industriellen Systems auf möglichst viele zu verteilen, damit sie sich ein Leben und ein Zuhause aufbauen können. Um das zu erreichen, stecken wir den größten Teil unseres Profits zurück in das Unternehmen.«

Henry Ford senkte den Verkaufspreis für sein Model T, das erste am Fließband produzierte Auto, und erhöhte die Löhne seiner Arbeiter. Genau das aber sei illegal, entschied der Michigan Supreme Court: »Eine Kapitalgesellschaft muss vor allem dem Profit der Anteilseigner dienen.« Deshalb dürfe ein Wirtschaftsunternehmen nicht im Sinne des Gemeinwohls geführt werden. Henry Ford musste seinen Aktionären eine Extradividende von mehr als 19 Millionen Dollar zahlen, eine damals astronomisch hohe Summe. Das Gerichtsurteil gilt als Geburtsstunde der Shareholder-Value-Ideologie. Gewinn für wenige auf Kosten des Gemeinwohls.

Man kann es Gier nennen oder, etwas freundlicher, Egoismus. Oder das Streben nach Glück, das wir ja allzu oft mit materiellem Wohlstand gleichsetzen. Der Preis dafür: Ausbeutung und, wie wir inzwischen wissen, die massenhafte Ausrottung von Arten, die Zerstörung ganzer Ökosysteme. Kollateralschäden, die einfach hingenommen werden.

Ist das Streben nach Reichtum, die Gier, der nimmersatte Kapitalismus also die Wurzel des Übels? Ist die Marktwirtschaft nur eine kultivierte Form der Wilderei? Sind die freien Märkte schuld an der planetaren Ökokrise? Läuft es darauf hinaus: Kapitalismus versus Natur?

Es war genau dieser freie Markt, der uns Wohlstand, Gesundheit und Selbstverwirklichung in einem Ausmaß ermöglicht hat, das für vorangegangene Generationen noch völlig unvorstellbar war. Milliarden in Amerika, Asien, Australien, Europa und zumindest auch Teilen Afrikas genießen heute ein Leben, das weitgehend frei von existenziellen Sorgen ist. Nur noch halb so viele Menschen wie zur Jahrtausendwende leben 2020 unterhalb der Armutsgrenze, obwohl im gleichen Zeitraum die Weltbevölkerung um über eine Milliarde gewachsen ist.

Wirtschaftswachstum, das viele Menschen wohlhabender macht, ist eine feine Sache. Es beschert uns Elterngeld, Universitäten und experimentelles Tanztheater, der Staat finanziert den Ausbau von Straßen, Krankenhäusern und Krötentunneln, es gibt Kindergärten und gut ausgebildete Zahnärztinnen, eine Straßenreinigung und die Pflegekasse. Alles in allem ist das Leben in einer mitteleuropäischen Demokratie verdammt angenehm. Ohne permanentes Wachstum wäre das wahrscheinlich anders.

Doch inzwischen stößt die ökonomische Expansion an ihre ökologischen Grenzen. Der Wirtschaftswissenschaftler Niko Paech analysiert: »Wenn der Planet erstens physisch begrenzt ist, zweitens industrieller Wohlstand nicht von ökologischen Schäden entkoppelt werden kann, drittens die irdischen Lebensgrundlagen dauerhaft erhalten bleiben sollen und viertens globale Gerechtigkeit herrschen soll, muss eine Obergrenze für den von einem einzelnen Individuum beanspruchten materiellen Wohlstand existieren.« Das wirft nicht weniger als die Systemfrage auf: Wenn unsere freien Gesellschaften auf Wirtschaftswachstum basieren, das aber zu immer mehr Umweltzerstörung führt, dann ist der Ökokollaps unvermeidlich und damit auch das Ende unseres Gesellschaftsmodells.

Wachstum, Stillstand oder Verzicht?

Es scheint, als hätten die meisten Menschen heute weniger Angst vor dem Ende der Welt als vor dem Ende des Kapitalismus. Wie sonst ist es zu erklären, dass die erschreckenden Aussterbe-Zahlen des Weltbiodiversitätsrates nur mit einem Achselzucken quittiert werden, während eine drohende Wirtschaftsrezession Panik auslöst?

Da funktionierende Erdsysteme die Grundlage unserer Existenz sind, müssen die ökologischen Grenzen jedem menschlichen Handeln unverrückbare Leitplanken setzen. Es ist fast zu banal, um es zu sagen, aber: natürlich auch dem wirtschaftlichen Handeln. Die Ökonomie muss sich Sachzwängen beugen, muss objektive Grenzen akzeptieren und sich anpassen. Die wichtigste Frage lautet folglich nicht, welches Wirtschaftsmodell am meisten Wachstum produziert, sondern welches am besten geeignet ist, unsere Lebensgrundlagen bei möglichst hohem Wohlstand für alle dauerhaft zu erhalten. Die Funktionsfähigkeit des Erdsystems muss dabei das Maß der Dinge sein. Eine Ökonomie, die so kompromisslos auf Wachstum geeicht ist wie unser gegenwärtiger Kapitalismus, ist offensichtlich eher Teil des Problems als Teil der Lösung: Gier frisst Hirn. Gier frisst Natur.

Spätestens seit den 1970er-Jahren ist das Wachstumsmantra zwar immer mal wieder infrage gestellt worden – allerdings nicht von den Regierungen der Industrienationen. Sie halten stoisch an der Immer-mehr-Ideologie fest. Das Konzept einer ökologischen Kreislaufwirtschaft wird inzwischen immerhin diskutiert, doch der Vorschlag, auf Wachstum zu verzichten, die Gesellschaft vielleicht sogar ein wenig zu dematerialisieren, erscheint vielen als purer Wahnsinn. Dabei reichen, wie wir schon beschrieben haben, technologische Effizienzsteigerungen einfach nicht aus, um unser globales Ressourcenproblem in den Griff zu bekommen. Ob wir wollen oder nicht: Das Wirtschaftswachstum auf Basis von Naturverbrauch wird aufhören.

Doch bisher leben wir in einer kapitalistischen Hysterie. Der historisch einmalige materielle Wohlstand von heute wird schon morgen als überwundene Armut, als nicht infrage zu stellendes Minimum gewertet, unter das wir auf gar keinen Fall zurücksinken dürfen. Aber warum eigentlich nicht?

Entgegen jeder Vernunft wird Verharren auf hohem Konsumniveau mit Abstieg gleichgesetzt. Dabei lebten wir doch in den vergangenen Jahrzehnten hier in Mitteleuropa auch schon ausgesprochen luxuriös. Statistisch betrachtet ist jeder Deutsche heute fünfmal wohlhabender als in den 1970ern. Glücklicher ist er dadurch allerdings nicht geworden, sagen die Sozialstudien. In anderen Ländern dürften die Ergebnisse ähnlich ausfallen. Trotzdem lautet die vorherrschende Meinung in Wirtschaft und Politik nach wie vor: Wir brauchen Wachstum. Immer.

Himmel und Hölle und der Markt

Die Litanei der Marktgläubigen: Stagnation führt in den Untergang. Denn wenn eine Volkswirtschaft – sagen wir Deutschland – nicht wächst, fällt sie im Vergleich zu denen zurück, die weiterwachsen. Dann hat der Staat weniger Geld, um es in Kindergärten, Schulen, Universitäten, Polizei, das Theaterprojekt um die Ecke und die Renaturierung des Baches am Stadtrand zu investieren. Die Sozialleistungen sinken, die Infrastruktur verfällt. Die Bevölkerung wird unzufrieden. Die Unternehmen büßen Wettbewerbsfähigkeit ein, weil langsames Internet, Straßen voller Schlaglöcher und veraltete Containerhäfen sie behindern. Immer mehr machen Pleite und müssen ihre Mitarbeiter entlassen. Dem Staat steht wegen sinkender Steuereinnahmen nun noch weniger Geld für den Umweltschutz zur Verfügung. Kindergärten und Krankenhäuser müssen schließen, weniger Wohnungen werden gebaut, noch weniger Straßen repariert. In der Rezession müssen Arbeitslosengeld und Sozialleistungen gekürzt werden. Die Spannungen zwischen Arm und Reich steigen. Die frustrierten Bürger und Bürgerinnen wählen in ihrer Verzweiflung extremistische Parteien oder stürmen rebellierend auf die Straßen. Die Abwärtsspirale dreht sich bis runter in die Rezessionshölle. Alle leiden Not. Die Welt geht unter.

Der Weg in den Wachstumshimmel hingegen verläuft so: Wenn die Menschen besonders ausgeprägte Bedürfnisse haben, dann ist die Nachfrage nach den fehlenden Gütern und Dienstleistungen besonders groß. Wo die Nachfrage groß ist, steigen zunächst die Preise. Zusätzliche Anbieter, die von den hohen Preisen profitieren möchten, vergrößern das Angebot, der Mangel verschwindet. Egoismus schafft Gemeinwohl. Die Arbeitslosigkeit sinkt, der Wohlstand wächst, die Staatseinnahmen steigen, Kindergeld und Renten werden angehoben, die Gesellschaft kann sich ein immer ausgereifteres Sozialsystem leisten und immer aufwendigere Umweltschutzmaßnahmen umsetzen. Teure Krötentunnel bauen, zum Beispiel, oder Nationalparks ausweisen. Der Markt löst alle Probleme. Alle sind glücklich. Die Welt ist gerettet.

Okay, das war jetzt ein bisschen zugespitzt, aber hier geht es um vereinfachte Marktmodelle – und nicht um die deutlich komplexere Marktrealität. In der finden sich viele der Voraussetzungen, auf denen die Modelle basieren, sowieso nicht wieder. Der freie Fluss von Informationen etwa ist so eine Voraussetzung, die nie erfüllt ist. Und die Annahme, alle Marktteilnehmer würden ausschließlich vernünftige Entscheidungen treffen, widerlegt jeder von uns jeden Tag durch sein eigenes Verhalten. In einem perfekten Markt hielten sich alle an die Regeln, es gäbe weder Korruption noch Klüngelei, keinen unfairen Wettbewerb, keine Subventionen und keine Strafzölle, keine irrationalen Kaufentscheidungen, keine betrügerische Werbung, keine Schwarzarbeit, keine Steuerhinterziehung. Schön wär's ja.

Das ohnehin abenteuerliche Argument, nur möglichst großes Wachstum könne genug Wohlstand schaffen, um unsere ganzen Krötentunnel zu finanzieren, wird aber mit fortschreitender Umweltzerstörung immer unhaltbarer, weil die Kosten dafür zunehmend schneller ansteigen und die Wirtschaft selbst sich verändert. Flossen Gewinne früher meist als Investitionen in die Gesellschaft zurück, wo sie neuen Wohlstand für viele generierten, bleibt das Geld nun immer öfter im Kapitalmarkt. Es baut keine Fabriken mehr und keine Eisenbahnlinien. Es vermehrt sich aus sich selbst heraus. Die Finanzmärkte machen's möglich.

Beim Short-Trading können Aktienhändler an der Börse Gewinne mit Firmen machen, die Verluste produzieren. Bei (illegalen) Cum-Ex-Geschäften lassen sich Investoren Steuern in Milliardenhöhe mehrfach zurückerstatten, die sie nur einmal bezahlt haben. Faule Immobilienkredite können in toxischen Wertpapieren versteckt werden, die dann mit Gütesiegeln von Ratingagenturen verkauft werden. Wenn's schiefgeht, so wie bei den Immobilienkrediten und der Investmentbank Lehman Brothers, müssen Steuerzahlerinnen und -zahler mit Milliarden Finanzfirmen retten, von denen sie noch nie zuvor gehört haben. Weil, wird ihnen gesagt, sonst das ganze Wirtschaftssystem in Gefahr sei (was übrigens in der Finanzkrise tatsächlich der Fall war).

Wir haben genug

Wachstum wird nicht nur von Bedürfnissen angetrieben, so wie es die Wirtschaftstheorie beschreibt. Denn dann müsste das Wachstum ja enden, sobald ein Bedürfnis befriedigt worden ist. Aber in einem freien Markt gibt es kein Genug, sondern nur immer mehr Konsum.

Was das für die Natur bedeutet, spielte bisher keine allzu große Rolle. Der Kapitalismus ist eben kein Naturschützer. Er entwickelt nicht automatisch Lösungen für die globale Ökokrise. Ohne feste Regeln kann er sogar ausgesprochen bösartig, proaktiv umweltschädlich sein.

So wie bei der »General Motors streetcar conspiracy« in den 1930er-Jahren, als amerikanische Autobosse überall in den

USA Straßenbahnlinien aufkauften. Mit dem einzigen Ziel, sie dichtzumachen. So zwangen sie die Menschen in ihre Autos und Busse. Als 1956 ein Urteil des Obersten Gerichtshofs das Autokartell verbot, war die Zahl der Straßenbahnwagen bereits von 36 000 auf 5000 gefallen. 45 Städte im ganzen Land waren von der systematischen Zerstörung ihres Nahverkehrssystems betroffen. Die überführten Firmen kamen mit 5000 Dollar Strafe davon, beteiligte Automanager mussten noch weniger zahlen: nur einen einzigen Dollar. Einen.

Wie viele Millionen Menschen wegen der fehlenden öffentlichen Verkehrsmittel stärker verschmutzte Luft atmen mussten, wie viele daran erkrankten, vorzeitig verstarben und was die Gemeinschaft dafür zahlen musste, lässt sich nur schwer errechnen. Hat das Millionen gekostet? Milliarden? Noch mehr? Und wieso mussten die Verursacher niemals dafür geradestehen?

Vor allem in urbanen Eliten ist Verzicht in letzter Zeit sehr schick geworden. Der Weniger-ist-mehr-Trend füllt Lifestyle-Bücher, Selbstoptimierungsseminare und befeuert Partygespräche. Kapitalismus- und Konsumkritik haben Konjunktur. Die No-Growth- oder sogar die Degrowth-Bewegung soll einen Ausweg aus der prinzipiellen Unvereinbarkeit von Kapitalismus und Ökologie zeigen. Doch der Markt pariert den Weniger-ist-mehr-Wunsch geschickt: mit neuen Produkten. Urlaubsflüge mit Klimakompensation, Mehrweg-Coffee-to-go-Becher, Teslas mit 600 PS, Hautcreme aus dem Nachfüllpack und Margarine ohne Palmöl. Das sind zwar, für sich betrachtet, tatsächlich kleine Fortschritte, insgesamt erinnert diese Form des umweltfreundlichen Konsums aber doch an den mittelalterlichen Ablasshandel: ein bisschen extra zahlen und dann weitermachen wie gewohnt.

Wie gesagt besitzt jeder Mitteleuropäer angeblich 10 000 Dinge. Der eine weniger, der andere mehr, aber auf jeden Fall zu viele, um sie auch alle zu genießen. So viel Zeit hat ja keiner. Jedes dritte Kleidungsstück wird nur ein einziges Mal getragen, und die Schränke quellen über. Eigentlich ist das, was Verzicht genannt wird, eher eine Beseitigung des Überflüssigen. Eine Befreiung aus der Tyrannei der Dinge.

Aber freiwillig weniger konsumieren können nur Menschen, die mehr haben, als sie brauchen. Also die Wohlhabenden. Wir. Verzicht ist ein Privileg für Reiche. Die meisten Menschen auf der Welt sind aber nicht reich. Sie haben zu wenig, nicht zu viel. Um auch nur eine basale Gesundheitsversorgung, Schulbildung, Kleidung, Nahrung zu bekommen, kurz: ein menschenwürdiges Leben zu führen, muss ihr Wohlstand steigen. Und weil es so viel mehr Arme als Reiche gibt, überträfe der Mehrkonsum, den ihr menschenwürdiges Lebensniveau (das nur sehr schwer zu definieren ist) höchstwahrscheinlich verursachen würde, unsere freiwilligen Einsparungen bei weitem. Eine globale Strategie für ein nachhaltiges Wirtschaftssystem ist Verzicht also nicht.

Was nicht heißt, dass sparsamer Autofahren nichts bringt. Busfahren, Stoßlüften, weniger Fleisch und mehr Ökostrom sind genauso sinnvoll wie saisonal-regionale Gemüse oder der Verzicht auf Inlandsflüge. Keine Frage. Alles gute Ideen. Aber leider können wir damit einfach nicht genug einsparen, um das Artensterben und die Ökokrise zu beenden. Wir müssen mehr tun als nur das. Viel mehr.

Fuck capitalism!

Ein wirklich großer Wurf wäre es, nicht nur auf krampfhaftes Wachstum und krankhaften Konsum zu verzichten, sondern gleich den ganzen freien Markt zu entsorgen. In einer Öko-Planwirtschaft, in einem zentralistischen System, könnte ein mächtiger Staat Plastikstrohhalme, Stadtgeländewagen und Billigflug-Airlines einfach verbieten. So ließen sich doch viele Probleme schnell lösen!

Am weitesten fortgeschritten auf diesem zentralistischen Weg ist bisher China. Zwar ist das Land aktuell noch der größte Produzent von Kohlenstoffdioxid und für fast 30 Prozent der jährlichen Treibhausgas-Emissionen verantwortlich. Diese Momentaufnahme vernebelt aber den Blick auf den Kurs, den die Regierung schon vor Jahren eingeschlagen hat. Sie hat angekündigt, die CO_2-Emissionen ab 2030 zu senken. So wie es aussieht, wird das sogar schon deutlich früher gelingen. Erstaunlich für ein Land, das erst vor relativ kurzer Zeit in den Kreis der Industrienationen eingetreten ist.

Präsident Xi Jinping hat angekündigt, sein Land zu einer »ökologischen Zivilisation« machen zu wollen. Bereits seit 2013 steht das wörtlich so im Grundsatzprogramm der Kommunistischen Partei. In den vergangenen 40 Jahren hat China ungefähr 60 Milliarden Bäume gepflanzt und eine »Great Green Wall« vor die wachsende Wüste Gobi gesetzt, wo die Desertifikation schon Millionen Menschen zur Umsiedlung zwang. Hunderte Milliarden Euro werden in alternative Energiequellen investiert, die Elektromobilität massiv gefördert, Wind- und Solarenergie im Rekordtempo ausgebaut, alte

Kohlekraftwerke geschlossen. Wenn dabei innerhalb eines einzigen Jahres mehrere hunderttausend Kumpel ihren Job verlieren, dann ist das eben so. Transformationsopfer sind für eine Diktatur kein großes Problem.

Die Machthaber müssen sich nicht alle vier Jahre zur Wahl stellen und gehen davon aus, auch in einigen Jahrzehnten noch an der Macht zu sein. Also denken sie über lange Zeiträume hinweg. Trotz der hohen Treibhausgas-Emissionen ist der ökologische Fußabdruck der Chinesen pro Kopf noch kleiner als der von Bewohnern westlicher Industriestaaten. Lebten wir alle wie die Chinesen, wäre unser Fußabdruck nur 3,6 globale Hektar groß. In Deutschland liegt dieser Wert pro Person bei 4,8 Hektar und in den USA bei 8,1.

Aus bitterer Erfahrung weiß die Führung in Peking, dass auch sie sich den Gesetzen der Natur beugen muss. Der Smog wütet in den Städten des Landes heute fast so fürchterlich wie die Pest im Mittelalter. Pro Jahr beklagt China Modellrechnungen zufolge etwa eine Million vorzeitige Todesfälle durch Luftverschmutzung – das entspricht fast 3000 pro Tag!

Deshalb ist das Land unter den wirklich großen bisher das einzige, das entschlossen auf einen Teil der Ökokrise reagiert: die Luftverschmutzung und die Erderhitzung. Die Regierung will sich nicht dem Volkszorn aussetzen, sie will aber vor allem die wirtschaftlichen Chancen nicht verpassen, die in der ökologischen Transformation stecken. Denn der globale Zukunftsmarkt für saubere Technologien wächst rasant. Wer zuerst in großer Menge umweltfreundliche Autos, unschädliches Plastik und supereffiziente Kraftwerke produzieren kann, wird der Weltmarktführer von morgen. Die Weltmacht von morgen. Diese Aussicht ist für Xi Jinping wahrscheinlich motivierender als die Liebe zu Bäumen. Aber die Maßnahmen sind in diesem Fall wichtiger als die Motive.

Zwar ist China bei der Bekämpfung des Artensterbens bisher fürchterlich untätig, aber zumindest gegen die Klimakrise hat das bevölkerungsreichste Land der Erde bereits zum Angriff geblasen. Das wirft die Frage auf, ob ein zentralistisches System die Umweltprobleme schneller in den Griff bekommen kann als eine pluralistische Marktwirtschaft. Liefert China ein Argument für die Planwirtschaft in einer Ökodiktatur?

Flussdelfine und Juchtenkäfer

Kurzfristig können autoritär geführte Ökonomien erstaunlich erfolgreich sein. Sie müssen weder zeitraubende Überzeugungsarbeit in der Bevölkerung leisten noch komplexe Rechtsstreitigkeiten vor Gericht bewältigen.

Als der chinesische Volkskongress 1992 den Bau der Drei-Schluchten-Talsperre genehmigte, markierte dieser Beschluss einen Meilenstein im Ausbau regenerativer Energien. Noch heute ist die Stauanlage am Jangtsekiang das größte Wasserkraftwerk weltweit und ihr abgasfreier Strom ein wichtiger Erfolg im Kampf gegen den tödlichen Smog. Aber schätzungsweise zwei Millionen Menschen wurden dafür umgesiedelt, viele unter Zwang. Fabriken, Dörfer, ganze Städte, einige mit einer Jahrtausende zurückreichenden Geschichte, versanken im Wasser. Der Lebensraum von Hunderten Pflanzen- und Tierarten wurde zerstört. Prominentestes Opfer ist der Chinesische Flussdelfin, der höchstwahrscheinlich ausgestorben ist. All diese Probleme wurden vorausgesagt. China hat die Talsperre trotzdem gebaut.

Eine Geschichte aus Deutschland: Die staatseigene Bundesbahn beschließt, in Stuttgart einen neuen Bahnhof zu bauen. Ein Milliarden-Vorhaben. In der Bevölkerung formiert sich Widerstand. Per Volksentscheid spricht sich die Mehrheit der Bürger und Bürgerinnen aber *für* einen neuen Bahnhof aus. Wenig später stoppt ein Gericht alles wieder. Der Juchtenkäfer ist da! *Osmoderma eremita.* Der Eremit, wie Käferfreunde ihn nennen. Drei Zentimeter lang, braunschwarz, kurze Fühler. Optisch erinnert er ein wenig an einen Mistkäfer. Die ersten drei, vier Jahre lebt er als Larve versteckt in Baumhöhlen. Als Käfer krabbelt er nur drei Monate lang herum, bevor er stirbt. Niemand hat je viel Aufhebens um den Juchtenkäfer gemacht. Durch Stuttgart 21 gerät er jäh ins Rampenlicht.

Weil der Eremit vom Aussterben bedroht ist, hat die EU ihn als »prioritäre Art« eingestuft, für die der Gesellschaft »besondere Verantwortung« zukomme. Nun verströmt der Juchtenkäfer zwar einen intensiven Geruch, aber ganz gewiss nicht den Charme eines Flussdelfins. Bei vielen Protestlern dürfte die Liebe zu einem Käfer, den sie noch nie gesehen haben, taktischer Natur sein. Sie reichen im Namen des Artenschutzes Klagen ein. Der Streit mutet manchmal bizarr an. So muss sich einmal sogar die EU-Kommission mit der Frage beschäftigen, ob zwei Bäume abgesägt werden dürfen, in denen möglicherweise einige Larven wohnen. Das Bahnhofsprojekt zieht sich. Und zieht sich. Über Jahre. 1500 Umweltgutachten später sagt die Bahn: Stuttgart 21 wird nicht vor 2025 fertig. Und die Kosten haben sich mehr als verdreifacht. Auf über acht Milliarden Euro.

Ist das verrückt? Sind ein paar Käfer wirklich wichtiger als ein Bahnhof, der einem großen Ziel dient – mehr klimafreundlicher Mobilität? Ist das ganze Elend nicht ein Beispiel dafür, wie dysfunktional kompliziert unser Land geworden ist?

In China wäre so ein Bahnhofsprojekt natürlich anders gelaufen. Da wird durchgegriffen, da geht das schnell. Und manchmal auch ganz fürchterlich daneben.

China gegen Spatzen

China, 1958. Mao Zedong und seine Führungsclique wollen den »Großen Sprung« in die Moderne schaffen. Mit Gewalt. »Lasst uns Krieg gegen die Natur führen!«, heißt es auf einem Propagandaplakat aus dieser Zeit. Für die staatliche Stahlproduktion holzte China innerhalb von einigen Monaten schätzungsweise zehn Prozent seiner Wälder ab. Flüsse wurden im großen Stil begradigt, zwischen Deiche und Dämme gezwängt, Bewässerungskanäle und Stauseen gebaut, um sie mit Schiffen befahren zu können. Auf den Feldern wurde tiefer gepflügt und dichter gesät. Teil des großen Plans war auch die Spatzenkampagne.

Da die enttäuschenden Ernteergebnisse der zwangskollektivierten Landwirtschaft unmöglich auf Fehlentscheidungen der kommunistischen Partei zurückgeführt werden durften, identifizierte Mao »vier Plagen« als Schuldige. Ratten, Fliegen, Mücken (in manchen Quellen auch Flöhe) und vor allem Feldsperlinge wurden zu Volksfeinden erklärt. Den Spatzen wurde unterstellt, die Saat von den Feldern zu fressen. Die gesamte Bevölkerung wurde zur Jagd getrieben, angefangen bei Fünfjährigen. 600 Millionen Chinesen sollten in einer kollektiven Anstrengung die Spatzen ausrotten. Die Menschen zogen auf die Straßen und die Felder, scheuchten die Vögel auf, vergifteten, erschossen und erschlugen sie. Sie plünderten ihre Nester, hielten sie mit Lärm in der Luft, bis sie tot vom Himmel fielen. Wie immer, wenn die kommunistische Partei etwas tat, verkündete sie danach großartige Erfolge. Die Mücken blieben ungezählt, aber eine Propagandaquelle vermeldete, 48 695,49 Kilogramm Fliegen, 930 486 Ratten und 1 367 440 Sperlinge seien zur Strecke gebracht worden.

Im Jahr darauf vermehrten sich die Getreideschädlinge, die zuvor von den Spatzen gefressen worden waren. Die Missernten wurden schlimmer, der Große Sprung scheiterte kläglich. Bis 1961 starben, je nachdem welche Schätzung man zugrunde legt, bis zu 45 Millionen Menschen. Es war die größte Hungerkatastrophe in der Geschichte der Menschheit. Vor allem wirtschaftliche Fehlsteuerung und unbedachte Eingriffe ins Ökosystem waren dafür verantwortlich, auch die Fast-Ausrottung einer Vogelart. Schon bald musste Peking in Moskau um Hilfe bitten. 200 000 Spatzen für ein Wiederansiedlungsprogramm. Dessen Erfolg blieb überschaubar. Bis heute sind Feldsperlinge in China eher selten.

Wenn Planwirtschaften Erfolge erzielen, sind das oft Strohfeuer. China konnte seine Stahlproduktion durch den Großen Sprung tatsächlich massiv erhöhen. Aber der produzierte Stahl war oft minderwertig und die gesamte Industrie auf

Dauer unwirtschaftlich. Ein Grund für die hohe Fehleranfälligkeit zentralistischer Systeme: zu wenige Köpfe für zu viele Probleme.

Nur verdiente Genossen, Günstlinge, Verwandte oder Angehörige in anderer Weise privilegierter Gruppen dürfen entscheiden, im schlimmsten Fall bestimmt ein Diktator oder eine Diktatorin ganz allein. Es fließen weniger Erfahrungen, Ideen, Bedenken und Alternativvorschläge ein – dafür jedoch ideologische und machtpolitische Erwägungen. Die Lebensweisheit von Millionen Frauen und Männern bleibt ungenutzt, wodurch die qualitative Tiefe der Entscheidungen abnimmt.

Staatliche Planungskomitees haben auch meistens Schwierigkeiten damit, Fehler einzuräumen. Selbstherrlichkeit ist ihre Geschäftsgrundlage, da bleibt kaum Raum für Selbstkritik. Diktaturen sind starrsinnig.

Auf Dauer sind Systeme überlegen, die sich, ohne auf eine Anordnung von oben warten zu müssen, rasch selbst reformieren können. Die sich genau wie ein Wald nach einem Sturm aus sich selbst heraus erneuern können. Die innerhalb eines Rahmens – in der Natur sind das die Umweltbedingungen, in einer Gesellschaft sind es Normen und Gesetze – evolvieren. Offenbar funktionieren Gesellschaften ganz ähnlich wie Tier- und Pflanzenarten: Nicht unbedingt die größte oder stärkste überlebt ökologische Krisen, sondern diejenige, die sich am besten an sich verändernde Umweltbedingungen anpassen kann. Survival of the fittest. Und wer am fittesten ist, entscheidet nicht das Zentralkomitee.

Money makes the world go green

Der freie Markt ist, das werden auch seine Kritiker einräumen, enorm flexibel, weil jeden Tag Millionen Menschen auf ihn einwirken. Jede einzelne Kaufentscheidung ist eine Beeinflussung des Marktes. Weil der Kapitalismus kein Mensch ist und auch keine Partei, hat er selbst keine Ideologie, keine Absichten, keine Ziele. Er passt sich nur den Bedürfnissen an, die ihn prägen. Aber er expandiert dabei genauso zwanghaft wie Schneeschuhhasen, Menschen oder Viren. Er ist wie ein gefräßiges Tier, vor dem wir nur sicher sind, wenn wir es in einen Käfig sperren. Gesetze, Verbote und Regeln sind die Käfigstangen, hinter denen das kapitalistische Raubtier zähnefletschend auf- und abtigert. Wir sollten dafür sorgen, dass es nicht zu wenige Stangen sind und dass sie nicht zu schwach sind.

Dressieren lässt sich das Markt-Monster aber viel besser mit Geld. Das glaubt zumindest Pavan Sukhdev von der Forschungsinitiative The Economics of Ecosystems and Biodiversity (TEEB). Seine Idee: Bisher kostenlos in Anspruch genommene Ökosystemleistungen sollen in die ökonomische Bewertung eines Produktes miteinbezogen werden.

Was kostet zum Beispiel ein VW Golf, das liebste Auto der Deutschen? Laut Katalog ab 24 000 Euro. Wirklich?

Nein. Das Eisenerz, aus dem der Stahl gefertigt wird, muss gefördert werden, etwa in Australien. Von dort wird es auf einem qualmenden Schiff nach Indonesien transportiert, um zu Stahl verarbeitet zu werden. Von dort muss es nach Deutschland gelangen.

Der Gummi für die Reifen wird auf Kautschuk-Plantagen

gewonnen, etwa in Malaysia, und dann in eine Fabrik gebracht, die vielleicht in Kanada steht.

Die Reise des Armaturenbretts beginnt als Erdöl, möglicherweise in Saudi-Arabien, das in eine Fabrik, etwa nach China, transportiert werden muss, von wo das Endprodukt nach Deutschland geliefert wird.

Das Leder für die Sitze stammt von einer Kuh, die im Laufe ihres Lebens eine Menge Methan produziert und Wasser verbraucht hat, zum Beispiel in Brasilien. Ihre Haut wird nach Indien gebracht, wo Tausende Gerbereien arbeiten. Von dort muss das Leder in die Autofabrik nach Deutschland geschifft werden.

Das Blei in der Batterie stammt vielleicht aus China, wurde dort verarbeitet und dann in die Autofabrik transportiert, natürlich ebenfalls auf einem qualmenden Schiff.

All das – und noch viel mehr – muss geschehen, bevor auch nur ein einziges Auto zusammengebaut wird. Bevor jemand an der Tankstelle anhält, den Tankdeckel öffnet, Benzin einfüllt und das Klimaproblem verschärft.

Was kostet ein Golf?

Ein Vermögen.

Aber nicht der Autohersteller, der mit dem Verkauf des Wagens Geld verdient, muss dafür bezahlen, dass der Urwald in Malaysia den Kautschuk-Bäumen weichen musste, dass die Erzminen Mondlandschaften hinterlassen, dass der Schiffsdiesel die Luft verpestet und dass für Soja-Kuhfutter der Dschungel brennt. Diese Kosten wurden »externalisiert«. Ausgelagert, weggeschoben. Was nicht heißt, dass niemand dafür geradestehen muss. Die Gummizapfer in Asien, die Indios im Regenwald, die Millionen Menschen, die verschmutzte Luft atmen, die Minenarbeiter, sie alle zahlen. Mit ihrer Gesundheit, ihrer Kultur, ihrem Leben. Die Pflanzen bezahlen, die Tiere, die Natur. Also am Ende: alle. Den Profit aber darf das Unternehmen ganz allein behalten. So wie die US-Autohersteller, die im vergangenen Jahrhundert den öffentlichen Nahverkehr entgleisen ließen und niemals für die Folgeschäden haften mussten.

Pavan Sukhdev ist überzeugt, dass Wertschätzung nur erfährt, was auch ökonomisch bewertet wird. Typisch Banker. Bevor er Präsident des WWF wurde, arbeitete Sukhdev als Manager bei der Deutschen Bank. Seither glaubt er, für die Wirtschaft werde Naturschutz erst wirklich interessant, wenn ein Preisschild an Luft, Wasser und Boden, an jeder Meise und jeder Kröte hängt, wenn Artenvielfalt sich in Börsenkursen spiegelt. Die grüne Sache müsse schlicht und einfach zu einem guten Geschäft werden und Umweltzerstörung so teuer, dass sie sich nicht lohnt. Dann wären Profitstreben und Umweltschutz das Gleiche.

Schon klar: Der Gesang einer Amsel im Winter oder das Rauschen eines Wasserfalls lassen sich nicht in Euro ausdrücken, solche Naturgeschenke sind unbezahlbar. Vieles andere hat aber durchaus einen Preis, der aber nicht immer dem tatsächlichen Wert entspricht. Sukhdev ist sich sicher: Wird zum Beispiel der Verbrauch von Ressourcen besteuert und nicht der Gewinn eines Unternehmens, ändert sich vieles schlagartig.

Neu ist diese Idee nicht. Schon vor einhundert Jahren entwickelte der Cambridge-Ökonom Arthur Cecil Pigou ein Konzept, um negative externe Umwelteffekte zu internalisieren.

Mit dieser Pigou-Steuer sollte der Staat Kosten auf den Verursacher zurücklenken können, die sonst der Allgemeinheit aufgebürdet werden. Genauso soll, ein Jahrhundert später, nun auch der CO_2-Preis funktionieren. Das ist kein planwirtschaftlicher Eingriff, sondern eigentlich genau das Gegenteil, denn dadurch wird das gute alte Verursacherprinzip reaktiviert. Bisher ist unsere Wirtschaft ökologisch eher ein Zwitterwesen: kapitalistisch, wenn es um die Privatisierung von Gewinnen geht, sozialistisch, wenn es um die Kosten der Umweltschäden geht. Ein echte, faire Marktwirtschaft würde Naturkosten genauso abbilden wie Personal- oder Marketingkosten. Und nach dem Verursacherprinzip muss derjenige für die Umweltkosten geradestehen, der sie verursacht hat.

Eine schlimme Belastung wäre das wohl nicht. In einer Analyse der konservativen Konrad-Adenauer-Stiftung zur ökologischen Erneuerung der sozialen Marktwirtschaft heißt es: »Zugleich stecken im Übergang zu einer umweltfreundlichen Ökonomie, die auf erneuerbaren Energien, nachwachsenden Rohstoffen und einer modernen Kreislaufwirtschaft aufbaut, enorme Chancen für Erfindergeist und Unternehmertum, zukunftsfähige Arbeitsplätze und nachhaltige Einkommen. Wenn wir es klug anstellen, kann daraus eine ökologische und wirtschaftliche Erfolgsgeschichte werden.«

Auch gegen die Kopfschmerzen, die nationale Alleingänge beim Umweltschutz vielen bereiten, gibt es eine Pille. Ökozölle könnten sicherstellen, dass Produkte, die anderswo unter laxen Umweltbedingungen hergestellt werden, vom Markt ferngehalten werden.

Das Kapital wechselt die Farbe

Ausgerechnet die Erben des skrupellosen John D. Rockefeller, der mit seiner Standard Oil Company Ende des 19. Jahrhunderts zum reichsten Mann der Welt aufstieg, machten vor einigen Jahren Öko-Schlagzeilen. Denn sie warfen dem Energieriesen Exxon Mobile – dem Nachfolger von Standard Oil – »verwerfliche Geschäftspraktiken« vor. Deshalb werde man sich von Geldanlagen in fossilen Brennstoffen verabschieden. Wegen der Klimakrise sei es besser, die noch vorhandenen Reserven im Boden zu belassen, verkündete die Familie. Rockefellers, die mit Öl nichts zu tun haben wollen – so etwas war lange unvorstellbar. Doch die Zeiten ändern sich.

Der eigentliche Brennstoff der fossilen Wirtschaft ist nicht Öl. Auch nicht Kohle oder Gas. Es ist Geld. Und das liefern Banken und Investoren. Ohne ihr Kapital lässt sich keine Mine eröffnen und keine Autofabrik bauen. Sie könnten die Welt grüner machen, wenn sie denn wollten.

Wollen sie? Die Großbank JPMorgan Chase hat noch nach dem Pariser Klimaabkommen 2015 mehr Geld an die fossile Industrie verliehen als jedes andere Institut, knapp 200 Milliarden Dollar. Die niederländische NGO BankTrack hat ermittelt, dass die 33 größten Finanzkonzerne der Welt im selben Zeitraum zusammen fast zwei Billionen Dollar in Geschäfte mit Kohle, Öl und Gas gesteckt haben. Das ist unvorstellbar viel Geld. Das ist, soweit wir das überblicken können, viel mehr Geld, als alle Staaten der Welt zusammen zur Bekämpfung der Klimakrise bereitstellen können. Diese gewaltige Summe wird noch auf Jahre hinaus den Ausbau der fossilen

Industrien und damit die Erderhitzung anfeuern – und das ist eine sehr schlechte Nachricht.

Die Großbanken spielen ein doppeltes Spiel – weil sie eben Geld in alles stecken, was sich lohnen könnte, egal ob es sich dabei um schwarze oder grüne Investments handelt. Ausgerechnet JPMorgan Chase, die führende Klimakiller-Bank, will bis 2025 ungefähr 200 Milliarden Dollar in erneuerbare Energien stecken. Die Deutsche Bank verfolgt inzwischen eine ähnliche Linie. Der sagenhafte norwegische Pensionsfonds, über eine Billion Dollar schwer, will seine Kohleeinlagen zurückfahren, was erfreulich, aber auch skurril ist, weil das Fonds-Geld aus der norwegischen Ölförderung stammt. Der deutsche Allianz-Konzern ist schon länger dabei, seine Investitionen umzuschichten. Doch nichts hat in der Geldbranche so viel Aufsehen erregt wie der Brief, den der Amerikaner Larry Douglas Fink Anfang 2020 veröffentlicht hat.

Fink gilt als der mächtigste Mann an der Wall Street und damit als einer der mächtigsten Männer der Welt. Er hat das Unternehmen gegründet, dessen Chef er bis heute ist: BlackRock. Der größte Vermögensverwalter von allen. BlackRock ist für Kapitalismuskritiker und Umweltschützer so etwas wie das Mordor der Finanzwelt, aus guten Gründen.

Laut *Guardian* ist das Unternehmen der weltgrößte Investor bei Kohleprojekten. Es zählt außerdem zu den größten Anteilseignern von Konzernen wie Peabody, BHP, Glencore, Coal India oder Vale in Brasilien. Ein Who's who der Klimakiller-Industrie. BlackRock steckt viele, viele Milliarden Dollar tief im fossilen Schlamassel. Es ist eine der Ursachen dafür. Und nun schreibt der Boss genau dieses Vermögensverwalters an dessen Aktionäre: »Der Klimawandel ist zum entscheidenden Faktor für die langfristigen Aussichten von Unternehmen geworden [...] Ich glaube, wir stehen vor einer grundlegenden Wende.«

Wenn Larry »Sauron« Fink so etwas sagt, dann könnte das für den Klimaschutz mehr bringen als jeder Gesetzentwurf einer Umweltministerin und jeder Kampagnenplan eines internationalen NGO-Chefs. Denn BlackRock allein verwaltet knapp sieben Billionen Dollar, also ungefähr doppelt so viel wie die jährliche Wirtschaftsleistung Deutschlands. Der Finanzgigant muss, anders als Kanzlerinnen oder Präsidenten, für seine Entscheidungen keine politischen Mehrheiten gewinnen, er kann schnell und global handeln. Über fossile Energieträger urteilt Fink: »Mit Blick auf die Energiewende glauben wir nicht daran, dass sich weitere Investitionen langfristig ökonomisch begründen lassen.«

Bye-bye, Kohle. Auf Nimmerwiedersehen, Öl. BlackRock hat euch gerade zum Tode verurteilt.

Ist Larry Fink plötzlich zu einem Umweltschützer geworden? Natürlich nicht. Er ist Investor und will möglichst viel Geld verdienen. Und wenn er nun glaubt, künftig auch mit nachhaltigen Investitionen viel Profit erzielen zu können, dann tut er das. Unabhängig von seinen umweltpolitischen Überzeugungen. Die BlackRock-Geschichte ist keine, die einen Bewusstseinswandel in der Finanzindustrie dokumentiert, sondern im Grunde genau das Gegenteil, weil es nach wie vor nur um Rendite geht, das hat sich nicht geändert. Larry Fink, JPMorgan Chase und all die anderen Geld-Giganten sehen nur neue Renditemöglichkeiten, weil Umweltschützer, Politikerinnen,

Wissenschaftler und Aktivistinnen die Gesellschaft verändert, weil sie einen Paradigmenwechsel herbeigeführt haben. Weil sie dabei sind, die Rahmenbedingungen zu ändern.

Unter den neuen Vorzeichen stecken heute auch jene, die gestern Umweltschutz noch als Wachstumskiller brandmarkten, ihr Geld in grüne Projekte. Der Markt ist blind für Ziele und Ideologien, er folgt nur dem Geruch des Geldes. Aber genau hier liegt die Stärke von Politik und Zivilgesellschaft: Neue Normen und neue Regeln können die alte Profitgier in eine grüne Gestaltungskraft verwandeln.

Nicht, dass ein falscher Eindruck entsteht: Die Ankündigungen der Finanzriesen, ihr Geld in grüne Projekte zu stecken, sind bisher nur genau das: Ankündigungen. Auf Hauptversammlungen von Aktienunternehmen stimmt etwa Anteilseigner BlackRock, wenn es um Klimafragen geht, meist noch immer gegen mehr Umweltschutz, hat das Climate Majority Project dokumentiert. Ein bisschen grüner ist gut fürs Geschäft, mag Larry Fink auch gedacht haben, nachdem der japanische Pensionsfonds viel Geld bei ihm abgezogen hat – weil BlackRock eben nicht nachhaltig genug investiert. Bisher also viel grüne PR und wenig grünes Investment. Aber, so traurig es ist, das sagen zu müssen: Schon das ist ein Fortschritt.

Wenn die Politik nicht die Rahmenbedingungen verändert, sondern direkt eingreift, klappt das oft nicht sonderlich gut: In Deutschland wurde jahrelang erbittert um den Kohleausstieg gestritten, bis man sich auf einen Kompromiss einigte, der nach bisherigem Stand vorsieht, bis 2038 aus der Kohle auszusteigen. Dafür sollen viele Milliarden Euro Steuergelder verteilt werden. Um soziale Härten etwa für Beschäftigte, die ihren Job verlieren, abzufedern, ist das sicher in Ordnung. Aber ein großer Teil der »Entschädigungen« soll direkt an die Energieunternehmen gehen. Sie werden dafür bezahlt, die Umweltverschmutzung auf Kosten der Allgemeinheit zu beenden.

Das ist fast so, als würde jemand ständig seinen Abfall auf die Straße werfen, sich aber nicht an den Kosten für die Müllabfuhr beteiligen. Statt den Schmutzfinken zu bestrafen, bietet der Staat ihm nun Geld an, damit er endlich aufhört.

Mit echtem Kapitalismus und dem Verursacherprinzip hat das nicht allzu viel zu tun. Der Staat verhindert mit seinem Eingreifen, dass der Markt Unternehmen aus dem Verkehr zieht, die die Zeichen der Zeit verschlafen und auf alte Technologien gesetzt haben. Fossile Planwirtschaft, könnte man sagen.

Die netten Vampire

Will man den Gemeinen Vampir finden, folgt man am besten seiner Nase. Das Verbreitungsgebiet von *Desmodus rotundus* reicht von Mexiko über Venezuela bis nach Argentinien. Seine Ausscheidungen verströmen einen beißenden Ammoniakgestank. Er verdaut ausschließlich Blut. Nachts verlassen die Fledermäuse ihre Höhlen, spüren die Wärme ihrer Opfer und riechen ihren Atem in pechschwarzer Nacht. Mit ihren scharfen Schneidezähnen ritzen sie die Haut, schlecken das herausfließende Blut und verschwinden vor Sonnenaufgang wieder in den Höhlen. Sie sind Parasiten, ihre ganze Existenz basiert darauf, andere Lebewesen auszubeuten. Sie nehmen in Kauf, dass die angezapften Tiere leiden, möglicherweise erkranken. Der Gemeine Vampir scheint die perfekte Allegorie auf den Raubtierkapitalisten zu sein, der die Natur rücksichtslos ausbeutet, um sich selbst zu bereichern.

Doch bei genauerem Hinsehen wird deutlich: Die Vampire wirtschaften nachhaltig, die Zahl ihrer Opfer ist gering und ihre Blutbeute bescheiden. Und ihre Population wird nie so groß, dass andere Arten ernsthaft gefährdet würden. Die Natur hat der Expansion der Vampire klare Grenzen gesetzt.

Vor allem aber zeigt ausgerechnet der Vampir gegenüber seinen Artgenossen eine Hilfsbereitschaft, die *Homo sapiens* nur allzu oft vermissen lässt. Weil die Fledermäuse ausschließlich von Blut leben, können sie keine großen Energiereserven aufbauen. Ohne frische Nahrung fallen sie spätestens nach zwei, drei Tagen tot von der Höhlendecke. Aber auch der fitteste Vampir schafft es nicht, jede Nacht erfolgreich zu jagen. Die unvermeidlichen Hungerphasen übersteht er nur dank des ausgefeilten Sozialverhaltens seiner Art: Hungrige umtanzen bettelnd die Satten. Diese würgen einen Teil ihres Beuteblutes aus und servieren es den Bedürftigen. Die Biologie hat lange gerätselt, warum ausgerechnet die Vampire so hilfsbereit sind. Die rare Nahrung zu teilen scheint auf den ersten Blick für die Blutspender ein Nachteil zu sein. Aber offenbar haben die Tiere gelernt, wie launisch das Jagdglück ist.

Vampire, die nie etwas abgeben, machen sich unbeliebt. Sie betteln meist vergeblich und verhungern häufiger. Die Fledermaus-Gesellschaft wird durch diese evolutionäre Auswahl sozialer. Insgesamt sinkt durch das Teilen die Sterblichkeit in der Kolonie erheblich. Am Ende haben also alle etwas vom altruistischen Verhalten. Die Gemeinschaft gewinnt.

Das System funktioniert aber nur, weil die Spender sich darauf verlassen können, im Notfall auch selbst versorgt zu werden. Die Biologie nennt dieses Verhalten reziproken Altruismus. Selbstloses Verhalten aus nicht selbstlosen Motiven. Die Vampire sind keine Gut-Tiere, sondern helfen hungernden Artgenossen aus purem Egoismus. Und das ist dann wirklich eine interessante Allegorie: Das ist nämlich fast wie im Kapitalismus, wo im fossilen Zeitalter reich gewordene Investoren ihr Geld in Umwelttechnologien stecken. Nicht weil sie es wollen, sondern weil Umweltbewegung und Politik sie mit gesellschaftlichem Druck und neuen Gesetzen dazu zwingen.

Mehr Ökokapitalismus wagen

Ob Vampire, Larry Fink, das Management der JPMorgan Chase oder jeder Einzelne von uns – reziproker Altruismus wirkt in jedem Lebewesen beständig und prägend und macht auch scheinbar Unmögliches möglich: soziale Blutsauger und grüne Investoren. Im Vergleich dazu wirkt die Hoffnung, ein allgemeiner Bewusstseinswandel und eine Verzichtskultur könnten uns aus der Krise führen, leider sehr vage.

Auf dem Weltwirtschaftsgipfel in Davos treffen sich auch die Granden der Wirtschaftsforschung. Jährlich listen sie auf, was sie für die größten Gefahren für die globale Ökonomie halten. Mittlerweile rangieren Umweltprobleme dauerhaft auf den ersten Plätzen, noch vor Kriegen, Seuchen und politischen

Kraftspielen. Die Warnungen kommen nicht länger nur von Naturwissenschaftlern, sondern von Wirtschaftsexpertinnen.

Weil die Umwelt uns für unseren Konsum, unser Wirtschaftswachstum, unsere Expansion eine Rechnung präsentiert, die wir nicht bezahlen können, hat der Kapitalmarkt begonnen, aus dem ökologischen Problem ein ökonomisches zu machen. Die Macht dieses »grünen« Geldes wirkt über alle politischen und geografischen Grenzen hinweg. Das ist eine Chance.

Aber es ist ganz und gar kein Grund, sich entspannt zurückzulehnen und einfach zuzuschauen, wie der freie Markt von alleine nachhaltig wird. Bis es so weit ist, könnten unsere Demokratien nämlich schon im Mahlstrom von Ressourcenkriegen, Klimakonflikten, Hungersnöten und Flüchtlingsströmen versunken sein. Wir brauchen eine radikale Beschleunigung der ökosozialen Transformation.

Stellen wir uns eine Welt vor, in der Larry Fink und Greta Thunberg aus völlig unterschiedlichen Motiven auf dasselbe Ziel zusteuern.

Stellen wir uns vor, wie viel Veränderung dann möglich wäre.

7

Kollaps oder Revolte?

Das Ende der Welt, wie wir sie kennen

> Wir haben eine Bezeichnung für diejenigen, die das Schicksal der Welt in der Hand halten, so wie wir es tun: Götter.
>
> DAVID WALLACE-WELLS, AUTOR

Es gibt viele Lügen, die wir uns über die Krise von Biodiversität und Klima erzählen:

Dass sie sich noch abwenden lässt.
Dass sie sich langsam entwickeln wird.
Dass sie woanders stattfindet.
Dass sie die Industrienationen nicht so hart treffen wird.
Dass irgendjemand es schon richten wird.
Dass wir uns aus ihr herausfinden können.
Dass es so schlimm schon nicht werden wird.
Dass die Natur sich von ganz alleine anpasst.

Haben Sie so etwas selbst schon einmal gedacht? Nachvollziehbar. Aber leider falsch. Die Ökokrise ist real. Sie hat begonnen. Und sie ist schlimmer als befürchtet.

Biodiversitäts- und Klimakrise, die durcheinandergeratenen Stoffkreisläufe, der Landverbrauch und die anderen sechs lebenswichtigen Teile des Erdsystems, die im Modell der planetaren Belastungsgrenzen zusammengefasst sind, lassen sich nur zusammen denken. Wie neun Organe eines Körpers, von denen jedes Einzelne unverzichtbar ist. Hört das Herz auf zu schlagen, nützt es nichts, wenn die Lungen noch arbeiten. Die Erde ist so gesehen ein Mega-Organismus, der uns nur am Leben erhalten kann, wenn mindestens die neun lebenswichtigen Systeme zuverlässig funktionieren. Deshalb schrumpft unser Handlungsspielraum mit jedem Schritt über eine der planetaren Grenzen hinaus. Wir müssen sie alle gleichzeitig im Blick haben.

Nehmen wir die zwei für uns spürbarsten und gefährlichsten Bereiche: Artensterben (hier synonym für Biodiversitätsverlust benutzt) und Erderhitzung. Sie verstärken sich gegenseitig: Einerseits verschärft die Klimakrise das Artensterben. Andererseits sind gesunde Ökosysteme eine der besten Strategien gegen die Erderhitzung. Moore etwa speichern besonders viel Kohlenstoffdioxid – doch wenn sie entwässert werden, entlassen sie große Mengen Methan in die Atmosphäre, und die Klimakrise beschleunigt sich weiter. Mangroven, Regenwälder, Naturwiesen, auch die Kieselalgen – viele Ökosysteme und Lebewesen spielen eine wichtige Rolle für das Klima.

Umgekehrt heißt das: Kriegen wir das Artensterben nicht in den Griff, ist auch der Kampf gegen die Klimakrise verloren. Naturräume und Arten dürfen deshalb nicht dem Klimaschutz geopfert werden. Das ist eine reale Gefahr: Megastaudämme, die ganze Landstriche überfluten, tun der Erde keinen Gefallen. Wenn indonesisches Palmöl als Biokraftstoff europäische Traktoren antreibt, sterben dafür Arten. Ob etwas umweltfreundlich ist, entscheidet also nicht allein der CO_2-Fußabdruck. Das Gesamtbild ist entscheidend.

Doch wenn die Ökokrise tatsächlich so dramatisch ist und wir seit Beginn der »Großen Beschleunigung« Umwelt im großen Stil zerstören, warum spüren wir dann bisher so wenig davon? Wieso bleiben Hungersnöte, Lebensmittelengpässe und Aufruhr aus? Warum gehen Kindersterblichkeit, Hunger und extreme Armut sogar zurück, warum steigt das Bildungsniveau, der Wohlstand und warum sterben weniger Menschen durch Gewalt? Autoren wie Hans Rosling oder der Harvard-Psychologe Steven Pinker verkaufen Bestseller, deren zentrale These lautet, es gehe uns nicht nur besser, als wir glauben, sondern auch besser als jemals zuvor. Wie geht das mit dem zusammen, was Erdsystemwissenschaftler und Ökologinnen herausfinden und was sie als so zerstörerisch für die menschliche Zivilisation beschreiben?

Weil Pinker und Co. nur auf das Jetzt schauen und nicht auf das Danach. Die Gegenwart sieht nur dann gut aus, wenn man den in der Zukunft dafür zu entrichtenden Preis ignoriert. So wie ein Shopping-Freak mit Kreditkarte, der sich über all die schönen Dinge freut, die er sich gerade gekauft hat und dabei einfach verdrängt, dass schon sehr bald die Abrechnung ins Haus flattern wird. Wir zahlen, unter anderem, mit Artensterben und Klimakrise. Sie sind Teil der Hypothek, die wir für den kometenhaften Aufstieg der Menschheit aufgenommen haben. Unsere Umweltfolgekosten. Viele müssen erst nach Jahren oder Jahrzehnten oder sogar Jahrhunderten beglichen werden. Aber die Umwelt vergisst nichts, sie ist nachtragend. Früher oder später treibt sie jede Schuld ein. Das bedeutet: Die Ökokrise ist noch gar nicht voll entfesselt, es wird in Zukunft aber schlimmer, als wir uns bislang vorstellen können. Sie könnte all die zivilisatorischen Fortschritte zunichtemachen, auf die wir so stolz sind. Eine ökologische Krise wird zwangsläufig irgendwann auch zu einer wirtschaftlichen, zu einer politischen und gesellschaftlichen Krise.

Der Krieg und die Dürre

In Syrien dauert die Regenzeit von November bis Mai. Im Jahr 2007 blieb der Regen fast vollständig aus. 2008 ebenfalls. Syrische Beamte wandten sich an die Vereinten Nationen. Die Krise übersteige die Kapazitäten der Regierung, schrieben sie. Ihr Hilferuf blieb unbeantwortet.

2009 regnete es erneut kaum. 2010 war das vierte trockene Jahr in Folge. Viele Bauern hatten da längst ihre Felder aufgegeben und waren in die Städte geflohen, bald waren es mehr als 1,5 Millionen Menschen. Dazu kamen noch über eine Million Flüchtlinge aus dem Irak. Das Assad-Regime war überfordert, blieb untätig. Gleichzeitig erhoben sich die Menschen in Tunesien, in Ägypten und anderen arabischen Ländern gegen ihre Regierungen.

Die Stimmung war schon explosiv, als ein paar Jugendliche 2011 in der Stadt Daraa an eine Hauswand sprühten: »Nieder mit dem Präsidenten« und »Du bist dran, Doktor«. Sie wollten ihrem Ärger über Präsident Baschar al-Assad Luft machen, einem Augenarzt. Sie wurden verhaftet. Erst protestierten ihre

Eltern, dann die halbe Stadt. Die Polizei begann zu schießen. Erst in die Luft, dann auf Demonstranten. Die ersten Toten. Wellen der Wut und Empörung schwappten von Daraa aus über das ganze Land. Kurz darauf stand Syrien in Flammen. Der Islamische Staat eroberte große Gebiete, die Regierung setzte Giftgas ein, Hunderttausende verloren ihr Leben. Als diese Zeilen geschrieben werden, im März 2020, wütet der Krieg noch immer.

Die Dürre war die schlimmste seit 900 Jahren. Syrien liegt im »fruchtbaren Halbmond«, der Getreidekammer des Nahen Ostens. Normalerweise treiben hier Winde feuchte Luft vom Mittelmeer ins Landesinnere, wo die schweren Wolken abregnen und die Landschaft ergrünen lassen. Doch die Erderhitzung hat dieses Wasserförderband geschwächt, wie ein Team um Colin Kelley von der University of California, Santa Barbara, herausgefunden hat. Es wäre verkürzt zu behaupten, die Dürre allein sei der Auslöser des syrischen Bürgerkrieges gewesen. Aber dass sie die ohnehin schon aufgeheizte Lage weiter verschärft hat, daran gibt es wenig Zweifel. Die Forschung beginnt erst langsam, solche Verbindungen zu verstehen, aber es zeichnet sich immer deutlicher ab: Umwelt schreibt Geschichte. Das war schon immer so.

Zum Beispiel die Römer

Vom zweiten Jahrhundert vor bis zum ersten Jahrhundert nach Christus blühte das Römische Reich auf – buchstäblich. Die Temperaturen waren so hoch, dass in England Weinreben und Olivenhaine wuchsen, die Sommer waren trocken, die Winter mild. Das günstige Klima bescherte reiche Ernten, schwer beladene Schiffe brachten Getreide vom Niltal übers Mittelmeer, das Reich wuchs.

Die Wirtschaft der Römer fußte auf der Landwirtschaft – also auf einem günstigen Klima. 90 Prozent aller Steuern wurden von Bauern gezahlt. Solange die Römische Warmzeit anhielt, lief es gut: Im Jahr 115 erstreckte sich das Reich über den gesamten südlichen und nördlichen Mittelmeerraum, im Osten bis zum Schwarzen Meer und nach Mesopotamien, im Norden bis an den Rhein und bis ins heutige Wales und England. Der urmenschliche Hang zur Expansion war auch der Modus Operandi der römischen Herrscher. Die Eroberungen spülten viel Geld in die Kassen. Im zweiten Jahrhundert jedoch änderte sich das Klima langsam. Die Winter wurden härter, die Sommer waren immer öfter verregnet.

In Gallien hatten die Römer ein kleinteiliges System aus Viehzucht und Ackerbau vorgefunden, das flexibel, widerstandsfähig und gut an die klimatischen Bedingungen angepasst war. Die Verwalter aus dem fernen Rom hatten jedoch andere Pläne. Sie wiesen die Bauern an, im großen Maßstab das zu produzieren, was Geld brachte und Absatz in den Städten des Reiches fand. Das System funktionierte im Süden trotz Klimaverschlechterung noch leidlich gut, im Norden jedoch brachte es zunehmend niedrigere Erträge. Die Bauern, von den Verwaltern zu ungeeigneten Anbauformen und den falschen Feldfrüchten gezwungen, konnten immer weniger Steuern abliefern. Bald hatten die Herrscher Probleme, ihre Soldaten zu bezahlen, die im Norden Angriffe fremder Stämme abwehren sollten. Als 406 feindliche Truppen den zugefrorenen Rhein überqueren und zwanzig Jahre später die Vandalen in Nordafrika einfielen und damit Rom von seiner wichtigsten Getreidekammer abschnitten, war die Abwärtsspirale nicht mehr zu stoppen.

Nicht allein das kälter werdende Klima löste Roms Niedergang aus, die Umweltbedingungen sind fast immer nur ein Faktor unter mehreren. Entscheidend war auch, wie die Herrschenden reagierten und wie schnell sich die Umwelt erholen konnte. In Rom hatte man für die Erfahrung und das Wissen der Bauern in den entfernten Provinzen wenig übrig und war zu unflexibel, um auf neue Situationen reagieren zu können.

Die Krise beginnt jetzt

Lassen sich Parallelen zur Gegenwart ziehen? Ist die Ökokrise systemgefährdend? In Äthiopien erschießen Afar- und Issa-Viehhüter einander im Streit um ein paar Büschel trockenes Gras und Brunnen, in denen sich immer weniger Wasser sammelt. Auch reiche Länder sind betroffen. In Deutschland starben 2018 mehr als 1200 Menschen durch Hitze, Stürme und Überflutungen. Die Folgeschäden der Hitzekatastrophe katapultierten die Bundesrepublik auf Platz drei der am stärksten von Klimakrisenschäden betroffenen Nationen, alleine das Aufräumen der abgestorbenen Wälder kostete Milliarden.

Je wärmer und artenärmer die Erde wird, desto brutaler wird sie auch. Eine Studie der Stanford University hat gezeigt, dass die Welt mit steigenden Temperaturen gefährlicher wird. Die Wahrscheinlichkeit von Morden, häuslicher Gewalt, Vergewaltigungen und Körperverletzungen steigt mit jedem Grad Unterschied zur gewohnten Temperatur um 2,4 Prozent, für bewaffnete Konflikte zwischen Milizen, Rebellen und anderen bewaffneten Gruppen sogar um mehr als 11 Prozent. Das ist *Homo sapiens:* eine Art, die sich die Köpfe einschlägt, wenn es heißer wird.

In den meisten Kriegen der Geschichte ging es um den Zugang zu Land, Wasser, Öl oder anderen Ressourcen. Die Ökokrise verschärft solche Verteilungskonflikte: Viele der ohnehin reicheren Staaten des globalen Nordens trifft sie weniger hart als Nationen im oftmals heißeren globalen Süden.

Archäologische Funde liefern Beispiele dafür, dass heftige Dürren bei manchen Völkern zum gesellschaftlichen Kollaps geführt haben. Bei anderen hingegen zur Entwicklung ausgeklügelter Bewässerungssysteme, zu gesellschaftlichen Reformen – und damit zur Anpassung an neue Umweltbedingungen. Für diese Völker war die Krise ein Weg in eine bessere Zukunft, sie waren nachher vielleicht sogar stärker als vorher. Umweltveränderungen müssen nicht fatal enden.

Japans Weg aus der Entwaldungskrise

In Japan kehrte nach unruhigen Zeiten im 16. Jahrhundert endlich Frieden und Wohlstand ein. Die Bevölkerung steigt rasant, sodass das Land im 17. Jahrhundert in eine Umweltkrise schlittert. Weil Häuser und Schiffe fast ausschließlich aus Holz bestehen und der Bauboom anhält, werden auf den Inseln des Archipels massiv Wälder geplündert, schreibt der Anthropologe Jared Diamond in *Kollaps*. Die Folgen: Viele steile Abhänge sind nicht mehr vor Erosion geschützt, Flüsse versanden, Dünger und Tierfutter werden knapp, Felder überschwemmen. Wieder und wieder suchen Hungersnöte das Land heim.

Doch Japan schafft die Wende: Zum einen entwickelt sich eine offizielle Ideologie der Mäßigung und der Voraussicht, zum anderen erlassen die Herrscher im Laufe der Zeit immer ausgefeiltere Regeln, wer welche Bäume zu welchem Zweck fällen darf. Das Bevölkerungswachstum stabilisiert sich, teils durch rabiate Maßnahmen wie Kindstötungen, und ein groß angelegtes Wiederaufforstungsprogramm lindert die Folgen der Entwaldung. Diamond schreibt: »Verantwortungsträger, die nicht nur passiv reagieren, sondern den Mut haben, Krisen vorauszusehen und frühzeitig zu handeln«, können viel bewirken.

Die Römer, die den Ökostress nicht überdauerten, die Japaner, die es schafften: Es gibt kein Skript dafür, ob eine Umweltkrise in den Kollaps führt, oder ob eine Gesellschaft aus ihren Fehlern lernt. Das Gleiche gilt für die Gegenwart. Die von uns ausgelöste Ökokrise ist gewaltiger als alles, was Gesellschaften in der menschlichen Geschichte überstehen mussten. Doch wir wissen ungleich mehr über die Mechanismen der Umweltzerstörung, kennen mögliche Gegenmaßnahmen, haben wichtige Hebel identifiziert. Wir verfügen über Wissen und technologische Möglichkeiten, die in der Geschichte der Menschheit einzigartig sind.

Wir stehen heute an einem Scheideweg. Auch wenn wir nicht genau wissen, was am Ende der beiden Wege jeweils auf uns warten wird, ahnen wir doch, wohin wir uns wenden sollten. Natürlich können wir einfach so weitermachen wie bisher – aber auch wenn wir es nicht mit allerletzter Sicherheit sagen können, schwant uns, was am Ende dieses Weges wartet: kippende Erdsysteme, Ressourcenmangel, Chaos.

Aber wir können auch einen anderen Pfad einschlagen. Nennen wir ihn den Weg der grünen Transformation. Wir kennen auch hier weder den Verlauf noch das Ende. Wir wissen nur, dass er steinig ist und mit jedem untätigen Tag steiler wird.

Im 21. Jahrhundert wird das ökologische Problem immer mehr zu einem weltpolitischen Sicherheitsrisiko. Das haben noch nicht alle verstanden. Sie tun Umweltschutz im Vergleich zu Terrorismus oder Wirtschaftskonflikten als nachrangig ab, halten die Warnung vor zivilisationsgefährdenden Umweltgefahren für Panikmache und die Forderung nach radikalen Veränderungen für Extremismus. Aber was, wenn »derjenige, der schreit, einfach mal recht hat, weil wirklich Gefahr droht«, fragt der Publizist Bernd Ulrich. Offenbar liege es außerhalb der Vorstellungskraft der meisten, »dass es Situationen geben kann, in denen das Moderate das Verrückte ist.«

Die Weltbank schätzt, dass bis zur Mitte des Jahrhunderts mehr als 140 Millionen Menschen vor Klimaveränderungen fliehen müssen. Das sind so viele wie alle Menschen in Irland, Tschechien, Norwegen, der Slowakei, Finnland, Dänemark, Bulgarien, der Schweiz, Serbien, Österreich, Belarus, Ungarn, Schweden, Aserbaidschan, Portugal und Griechenland zusammen. Eine Fluchtbewegung solchen Ausmaßes hat die Kraft, ganze Erdteile aus den Angeln zu heben.

Die zwei Grad Erwärmung, die noch 2015 in Paris als Minimalziel galten, sind heute kaum mehr zu erreichen. Deutschland ist bereits bei 1,4 Grad. Wir müssen uns deshalb möglicherweise bald abgewöhnen, von *Natur*katastrophen zu sprechen. Was heißt schon noch Natur, wenn es die menschengemachten Emissionen sind, die für Hurrikans und Sandstürme und Flutwellen und Dürren verantwortlich sind, wenn es unser Hunger auf Fleisch war, der ganze Regenwaldsysteme gefressen hat, die nun keinen Kohlenstoff mehr binden und keinen Boden mehr festhalten und kein Wasser mehr speichern können?

Es ist genau so, wie der Ozeanograph und Klimaforscher Wallace Broecker gesagt hat: »Das Klimasystem ist ein wütendes Biest, und wir stochern nach ihm.« Was Broecker nicht gesagt hat: Wir reizen nicht nur das Monster, das uns verschlingen kann, wir töten gleichzeitig auch noch den Dompteur für das Biest – Biodiversität.

Die grenzenlose Erde

Der Mensch hat die geografischen Grenzen, die früher Völker und Ethnien, Tiere und Pflanzen voneinander trennten, weitgehend aufgelöst. Wir leben inzwischen praktisch auf einem einzigen Superkontinent. Trotz aller gefühlten Unterschiede ist die Menschheit ökonomisch, militärisch, technologisch, politisch und kulturell so eng zusammengewachsen, dass wir eine einzige Weltgesellschaft bilden.

Ein gesellschaftlicher Kollaps in einer Region kann daher schnell zu einem Flächenbrand werden, der die Stabilität des gesamten globalen Systems gefährdet. Syriens Bürgerkrieg, teils ausgelöst durch die Klimakrise, hat Millionen von Menschen zu Flüchtenden gemacht, deren Ankunft in Europa Populisten in die Parlamente gespült hat – alles ist mit allem verbunden.

2019 nahmen in einem Viertel aller Länder soziale Unruhen zu, wie Zahlen des Risikobewerters Maplecroft aus Großbritannien zeigen. Auf den ersten Blick haben die Ereignisse wenig miteinander zu tun. Im Libanon löst der Vorschlag einer WhatsApp-Steuer die Proteste aus, in Indien demonstrieren Menschen gegen ein Staatsbürgerrecht, das Muslime diskriminiert, im Sudan stürzt der alte Machthaber Umar al-Bashir nach langen Protesten, in Frankreich machen die Gelbwesten erst gegen eine Dieselsteuer und dann gegen Präsident Macrons Rentenreform Stimmung. Viele verschiedene Krisen mit vielen verschiedenen Ursachen.

Wirklich?

Der Erdsystemforscher Will Steffen, der die beiden Konzepte der »Planetaren Grenzen« und der »Großen Beschleunigung« (Grafiken im Mittelteil) entscheidend mitentwickelt hat, sagt: »Der Klimawandel, die Biodiversitätskrise und die Aufstände haben die gleichen Wurzeln. Sie sind die Charakteristika desselben kapitalistischen Wirtschaftssystems: Es produziert Ungerechtigkeiten.«

Steffen behauptet, dass die Krisen von Klima und Biosphäre nicht nur indirekt Gesellschaften destabilisieren, weil etwa Ökosystemleistungen wie sauberes Trinkwasser oder ausreichend Nahrung verloren gehen, sondern dass sie auch die wahre Ursache für viele Unruhen und Aufstände überall auf der Welt sind.

Ähnlich sieht es der französische Soziologe Bruno Latour: »Die Klimakrise, das allgemeine Artensterben, das Sterilwerden der Landschaften machen uns verrückt«, schreibt er in einem Essay. »Nun ist ja klar, dass ein Bürger, dem man sagt, dass es keine Insekten und keine Vögel mehr gibt, kein Wasser und keine Luft, genauso den Boden unter den Füßen verliert, wie wenn man ihm ankündigt, dass die Fabrik, in der er arbeitet, nach Vietnam verlegt wird [...]. Alle Krisen unserer Lebensgrundlagen, ob sie, vereinfacht gesagt, sogenannte wirtschaftliche Ursachen haben oder, ebenso vereinfacht, ökologische, laufen inzwischen auf ein und dieselbe Beschreibung des Territoriums hinaus.«

Latour ist Soziologe, er operiert mit anderen Begriffen als die Naturwissenschaft. Sein »Territorium« sind alle Menschen, Tiere und Pflanzen, die es einem erlauben, dauerhaft zu überleben. Das ist erstaunlich nah an der Definition dessen, was Ökologen mit einem Ökosystem und seinen Leistungen beschreiben. Verliert ein Mensch den Boden unter den Füßen, ist eine mögliche Bewegung die Abgrenzung nach außen. Hier sieht Latour eine Verbindung zwischen der Ökokrise und dem Erstarken von rassistischen, rechtsextremen und nationalistischen Tendenzen: wir gegen die.

»Immer schneller« ist am Ende

Beschleunigt man ein Auto, fährt es zunächst immer schneller. Doch irgendwann ist eine Grenze erreicht. Das Auto würde schwerer zu kontrollieren sein, die Lenkung unangenehm rütteln, es begännen sich Schrauben zu lockern, die Kühlung wäre ausgereizt, der Motor finge an zu qualmen. Dann löste sich vielleicht ein Rad, oder die Lenkstange bräche. Das Auto würde anfangen auseinanderzufallen. So ist das immer bei Systemen, in die zu viel Energie gepumpt wird. Wenn ein Fluss wie der Mississippi zum Beispiel immer tiefer ausgebaggert wird, sodass immer mehr Wasser immer schneller fließen kann – auch eine Form von Energieeintrag – entstehen Turbulenzen; chaotische Bereiche, die völlig unberechenbar werden.

Droht uns das Gleiche? Das Regenwaldsystem des Amazonas, tauende Permafrostböden in Sibirien, sterbende Korallenriffe im Pazifik, brennende Nadelwälder auf der Nordhalbkugel, das globale Klima, gestresste Gesellschaften – alles Systeme, die dabei sind, aus halbwegs stabilen Zuständen in chaotische zu kippen.

Also langsamer werden, weniger beschleunigen? »Schwierig«, sagt etwa der Geologe Peter K. Haff. Tatsächlich brauchen wir in Zukunft eher mehr Energie als weniger. Erstens werden an jedem einzelnen Tag 225 000 neue Menschen geboren, die ernährt werden wollen. Noch immer leben Hunderte Millionen in tiefer Armut. Zweitens haben wir eine Ökokrise ins Rollen gebracht, die jetzt schon Jahr für Jahr Milliardenbeträge für Schadensbeseitigung und Vorsorge verschlingt. Diese Beiträge werden steigen. Sollten wir, drittens, die Krise irgendwie in den Griff bekommen wollen, wird das eine gewaltige Anstrengung werden: Erfindungen, neue Strukturen, mehr Forschung, Aufklärung, wozu übrigens auch Bücher über das Artensterben wie dieses hier gehören, werden zunächst *mehr* Energie verbrauchen, bevor sie zu Einsparungen führen. Viertens: Es wird immer schwerer, an Energie zu gelangen. Die am leichtesten auszubeutenden Kohleflöze, Öl- und Gasfelder sind längst erschlossen. Zwar gibt es noch genügend fossile Vorräte (genug, um den ganzen Planeten auf Millionen Jahre für Menschen ungastlich zu machen), doch ihre Förderung wird teurer und teurer. Auch um eine CO_2-neutrale Infrastruktur aufzubauen, werden wir zunächst investieren müssen.

Wie Gesellschaften sich ändern

Wir Menschen sind stolz auf unsere Intelligenz und unsere Rationalität, zu Recht. Dank dieser Fähigkeiten haben wir die Welt erobert. Wir überwintern in der Antarktis und haben eine Flagge auf dem Mond gehisst. Nicht schlecht, Mensch!

Wir sind innovativ und anpassungsfähig: Wir sehen einen Ozean und bauen ein Schiff. Wenn uns kalt ist, verbrennen wir Kohle. Wenn wir zu dick werden, googeln wir die Saftkur-Diät oder das Intervallfasten. Niemand ist so gut im Lösen von Problemen wie wir.

Kein Wunder, dass wir die bewährten Muster auch jetzt wieder anzuwenden versuchen: Sonne statt Heizöl, E-Autos statt Benziner, Fair-Trade-Kaffee und Fisch mit MSC-Siegel ersetzen konventionelle Produkte. Ist die alte kaputt, erfinden wir uns einfach eine neue Welt. Klingt gut, funktioniert nur nicht. Dieses Mal nicht, leider.

Dieses Mal müssen wir uns ändern, unser Verhalten, unsere Werte. Die Berliner Historikerin Luise Tremel hat die Geschichte nach Beispielen durchsucht, in denen das gelungen ist. Sie musste dafür zweieinhalb Jahrhunderte in die Vergangenheit reisen. In die Zeit der Abschaffung der Sklaverei in Europa und Amerika. Es gibt erstaunliche Parallelen zur Gegenwart: Heute wie damals ging es um Ausbeutung. Damals von Menschen, heute von Natur und Klima. Heute wie damals war diese Ausbeutung Geschäftsgrundlage, der Wohlstand der Gesellschaften hing von ihr ab. Eine weitere Parallele: Auch scheinbar Unbeteiligte profitieren und nehmen so indirekt teil.

Im 19. Jahrhundert besaßen die wenigsten Menschen selbst Sklaven. Im 21. Jahrhundert haben die wenigsten selbst Regenwaldbäume gefällt. Trotzdem waren damals viele und sind heute die meisten Profiteure des Systems, das dafür verantwortlich ist. Sklaven machten und Entwaldung macht Produkte und Dienstleistungen billiger: Zucker und Baumwolle im ersten Fall, fast alles andere im zweiten. Die Einnahmen daraus schaffen Arbeitsplätze und füllen Staatskassen. In beiden Fällen gibt es keine Kostenwahrheit.

Im historischen Beispiel werden die Kosten auf versklavte Menschen ausgelagert, heute auf die Natur und damit auf zukünftige Generationen. Versklavte Menschen konnten die systematische Unterdrückung nicht gegen den Willen der Herrschenden beenden. Die Natur wird sich nicht erholen, wenn die Mehrheit der heute lebenden Menschen nicht den nötigen Druck aufbaut, um das Wirtschafts- und Gesellschaftssystem grundlegend umzugestalten.

Das erfordert Pioniere: Großbritannien stieg Jahrzehnte vor den USA aus der Sklaverei aus und musste deshalb wirtschaftliche Einbußen hinnehmen. Andere Länder übernahmen zunächst den Marktanteil der Briten. Und dennoch hat es geklappt! Luise Tremel hat untersucht, wie die Abschaffung der Sklaverei möglich geworden ist. Ihr Modell, das in der Mitte des Buches zu sehen ist, zeigt, dass jede gesellschaftliche Transformation verschiedene Phasen durchläuft.

Das Modell des Aufhörens

Phase eins – Problematisieren: Bereits im 17. Jahrhundert beginnen englische Quäker die Sklaverei als unchristlich zu bezeichnen, später kritisieren die Denker der Aufklärung sie als Verletzung der Menschenwürde. Auch einige Adlige sind dagegen – dennoch schaffen englische Schiffe weiter massenhaft Menschen aus Afrika in die Kolonien, wo sie Zucker, Rum, Tabak oder Baumwolle produzieren müssen.

Phase zwei – Mobilisieren: Immer mehr Menschen in Großbritannien verurteilen in der zweiten Hälfte des 18. Jahrhunderts die Sklaverei. 1783 gründet sich eine erste Organisation zur Abschaffung des Menschenhandels, weitere folgen. Die Opposition wächst. Zeitungen schreiben gegen die Sklaverei an. Petitionen werden eingebracht, Protestschreiben aufgesetzt, Menschen organisieren Boykotts von Produkten, die auf der Ausbeutung von Sklaven basieren. Sie gehen auf die Straße und demonstrieren. Schließlich schwappt die Welle bis in die Parlamente.

Phase drei – Regulieren: Die politische Mehrheit verschiebt sich. 1833 wird der »Slavery Abolition Act« erlassen, der die Sklaverei im Britischen Empire verbietet. Die einst radikale Position, Sklaven zu befreien, ist jetzt *mainstream*. Die Details werden vom politischen Apparat ausgehandelt. In Großbritannien einigt man sich darauf, Sklavenhalter zu entschädigen, die Regierung stellt dafür zwanzig Millionen Pfund zur Verfügung, rund fünf Prozent des britischen Bruttoinlandsprodukts. Die Pioniere der Sklavenbefreiung finden sich in dieser Phase an der Seitenlinie wieder – am Regulierungsprozess sind sie kaum noch beteiligt. Die Institutionen verinnerlichen eine Haltung, die sie ursprünglich bekämpften.

Phase vier – Neuordnen: Auch jetzt bleiben die Idealisten außen vor. Nachdem die neuen Gesetze erlassen sind, muss sich die Wirtschaft neu organisieren. Englands Ökonomie spürt die Einschnitte deutlich, viele Waren werden zunächst teurer oder sind gar nicht mehr zu haben.

Phase fünf – Konsolidieren: Englands Textilindustrie hat ein Problem – die günstige Baumwolle aus den eigenen Kolonien ist nicht mehr zu bekommen. Sprunghaft steigen die Importe aus den damals schon unabhängigen Südstaaten der USA an, wo noch immer Sklavenarbeit üblich ist. Die Londoner Finanzindustrie vergibt weiterhin Kredite an Unternehmen, die darin verstrickt sind. Das sklavenfreie England profitiert also indirekt noch von der Sklaverei. Dennoch kehrt langsam Ruhe ein. Gegner söhnen sich aus, die Wirtschaft passt sich an, Gerichte implementieren die neuen Regeln, die Politik justiert mit neuen Gesetzen nach. Die Sklaverei ist Geschichte.

Dieses Modell eignet sich auch, um zu verstehen, wo wir uns befinden: Im Fall der Klimakrise sind wir mitten in der Mobilisierungsphase, in manchen Teilbereichen sind wir sogar schon weiter. Die Brisanz des Artensterbens hingegen ist in der breiten Öffentlichkeit noch nicht angekommen, hier steckt der Prozess noch zwischen Problematisieren und Mobilisieren. In jedem Fall liegen das Regulieren, Neuordnen und Konsolidieren noch vor uns.

Natürlich gibt es hier keinen Automatismus. Das Modell zeigt nur, wie es laufen könnte – nicht, wie es kommen wird. Theoretisch wäre bei der Sklaverei auch ein anderer Verlauf möglich gewesen. Eine neue Ideologie hätte die Werte und Normen in eine andere Richtung schieben können. Die amerikanischen Südstaaten hätten den Bürgerkrieg gegen den Norden gewinnen können. Oder, oder, oder. Wer Veränderungen will, muss immer wachsam bleiben.

Sollte die große Transformation tatsächlich gelingen, wird sie nicht einfach so wie im Modell ablaufen. Vielleicht wird das nächste EU-Agrarbudget Nachhaltigkeit stärker fördern und damit einen Paradigmenwechsel einleiten, der die Naturzerstörungen beendet. Man könnte sich vorstellen, dass zuerst reiche Industrienationen aufhören, bedrohte Tropenhölzer oder Fischarten zu importieren, während andere Länder zunächst noch daran festhalten. Manche Städte wie Kopenhagen haben ihre Infrastruktur längst für Bus, Fahrrad und Bahn ausgebaut, während Los Angeles noch lange brauchen wird, um sich vom Autoverkehr zu verabschieden – auch ein Resultat der in Kapitel 6 geschilderten »General Motors streetcar conspiracy«. Die eine große Transformation wird es nicht geben: Der Wandel wird aus unzähligen kleinen bestehen.

Problematisieren, Mobilisieren, Regulieren, Neuordnen, Konsolidieren – so kann es laufen. Muss es aber nicht. Das größte Hemmnis für die ökologische »Revolution« sind nicht die politischen Parteien – die neigen dazu, früher oder später die Mehrheitsmeinung zu adaptieren – noch die Konzerne – die suchen sich neue Geschäftsmodelle, sobald Rechtssicherheit hergestellt ist –, sondern die Masse.

Und diese Masse sind: wir.

Tremel nennt uns die »riesige Gruppe, die bis zu dem Moment, wo es wichtig wird, viel weniger wichtig scheint«. Wir alle profitieren, meist ohne es zu wollen, von der Ausbeutung der Natur. Die ökologische Transformation kann nur gelingen, wenn wir Steak-Fans, wir Mallorca-Urlauber und Luxus-Apartment-Bewohner, lernen zu verzichten. Fast jeder müsste auf irgendwas verzichten, was ihm oder ihr lieb und teuer ist. Kaum jemand aber verzichtet gerne.

Soll die grüne Revolution Erfolg haben, müssen wir dieses Dilemma überwinden: Aus den Pionieren muss die Mehrheit werden. Erst wenn die Mehrheit Veränderungen will und bereit ist, die Umstellungsschmerzen auszuhalten, kann der Neustart gelingen. Daraus leitet sich ein Imperativ ab, schreibt Tremel: Sagen, was kommen wird. Natürlich wird es teurer für uns, wenn wir die Kosten nicht mehr auf künftige Generationen abwälzen können. Nachhaltigkeit gibt es nicht umsonst.

Andererseits erhalten wir dafür auch etwas: eine Befreiung von dem konstanten Selbstwiderspruch zwischen Denken und Handeln, in den wir uns hineinmanövriert haben. Gerechtigkeit gegenüber unseren Kindern und Enkeln. Die Befreiung davon, sich ständig zu fragen, wie viel Erde man durch alltägliches Handeln kaputt macht. Eine Haltung gegenüber anderen Tieren und Pflanzen, für die wir uns nicht zu schämen brauchen. Ein bewohnbarer Planet, natürlich. Das ist doch schon etwas.

Die demokratischen Muskeln trainieren

Man kann begründete Zweifel daran haben, dass allein das als Motivation ausreicht. Eine Mehrheit müsste tiefe Einschränkungen nicht nur hinnehmen, sondern eine Regierung im Amt bestätigen, die für diese Einschränkungen verantwortlich ist, die nicht immer mehr und immer bequemer verspricht, sondern die Zumutungen erklärt, die notwendig sind, um Lebensgrundlagen zu schützen.

Eine grüne Transformation wird nur dann erfolgreich sein können, wenn sie die Demokratie nicht schwächer macht, sondern stärker. Wenn wir uns trauen, neu darüber nachzudenken, was sie eigentlich bedeutet. Man kann zum Beispiel schauen, wie sie einst gedacht war. In Athen, der Geburtsstätte der Demokratie, wurde die Regierung nämlich gar nicht gewählt, sondern gelost. Niemand konnte Berufspolitiker werden, die Amtszeiten waren begrenzt. So hatte fast jeder männliche Athener mit Bürgerrechten irgendwann ein Amt inne: Jeder war mal Herrscher, jeder war mal Beherrschter. Heute dagegen fühlen sich ganze Schichten nicht mehr vom politischen System repräsentiert und nehmen nicht daran teil. Viele gehen nicht einmal mehr wählen.

Was wäre, wenn man beim Nachdenken über die Zukunft nicht nur über neue Lösungen nachdächte – sondern gleichzeitig über uralte? Vielleicht das hier: Im Oktober 2016 treffen sich 99 Frauen und Männer im Grand Hotel in Malahide, Irland. Alte und junge, Uniabsolventinnen und Briefträger, vom Land und aus der Stadt, aus dem Norden und dem Süden. Normale Leute, ein Abbild der irischen Gesellschaft. Sie sollen unter anderem über die Frage diskutieren, ob man Abtreibungen legalisieren solle – das katholische Land hat damals noch eines der restriktivsten Gesetze der Welt und ist im Streit darüber tief gespalten. Also beauftragt die Regierung eine Bürgerversammlung: 99 Normalos, die eine der am heißesten umkämpften Fragen des Landes klären sollen. Können die das?

Die Protokolle, die Zeitungsberichte, die Aufzeichnungen der Bürgerversammlungen sprechen eine sehr eindeutige Sprache: Ja, sie können. Und wie. Die Bürgerversammlung hört Ärztinnen, Priester, Eltern von Kindern mit Down-Syndrom, fragt werdende Mütter und Juristen. Dann diskutieren die Teilnehmer in kleinen Gruppen, jeder hat ähnlich viel Redezeit. Alle begegnen einander mit Respekt: Wer hier ist, begreift es als eine Aufgabe, mit der man nicht leichtfertig umgeht. Hier will nicht eine den anderen überzeugen, hier wird gemeinsam nach Antworten gesucht.

Am Ende stimmt die Bürgerversammlung überraschend deutlich für eine Legalisierung der Abtreibung. Zwei Jahre und eine Volksabstimmung später wird die irische Verfassung geändert und Abtreibung legalisiert.

Bei einer Wahl oder einem Referendum kann jeder Wahlbeteiligte sein Kreuz machen und mitbestimmen, auch wenn er oder sie sich mit dem Thema nie ernsthaft auseinandergesetzt hat. Bei einer Bürgerversammlung entscheiden nur Menschen, die wirklich wissen, worum es geht. Denn sie haben sich in einem anstrengenden, offenen, demokratischen Prozess alle Argumente angehört, sie haben alle verfügbaren Informationen bekommen – und erst dann ihre Entscheidung getroffen.

Eine Bürgerversammlung muss gut vorbereitet und moderiert werden. Dadurch ist sie für Populismus weniger anfällig als eine Volksabstimmung. Fast alle Beteiligten berichten, dass sie hinterher nicht nur mehr Respekt für die anderen Teilnehmer hatten, sondern auch für die professionelle Politik. Wer Teil einer Bürgerversammlung war, hat seine demokratischen Muskeln trainiert. Und darum geht es: die grüne Transformation zu einem Projekt von allen und für alle zu machen.

Dann können vermeintlich unumstößliche Kulturnormen erstaunlich schnell fallen. Noch vor zwanzig Jahren war es selbstverständlich, dass fast immer und fast überall geraucht wurde. Heute ist das undenkbar. Am Anfang gab's ein bisschen Streit – aber das war kein Feuer. Nur Rauch. Und der hat sich schnell verzogen.

Die Revolution der Hygiene

Noch Anfang des 19. Jahrhunderts gab es auf dem europäischen Festland keine funktionierende Kanalisation. In Hamburg etwa schöpfte man das Trinkwasser aus der Alster und den Kanälen der Stadt, in die auch Abwässer mit Kot und Urin eingeleitet wurden. Keine gute Idee. Regelmäßig wurde die Stadt von Krankheiten heimgesucht. Den Grund für die Seuchen kannte damals noch niemand.

Anfang Mai 1842 brach im Haus des Zigarrenmachers Eduard Cohen in der Deichstraße Feuer aus. Der Nachtwächter bemerkte den Brand schnell. Doch die Feuerwehr konnte nicht verhindern, dass die Flammen auf andere Gebäude übergriffen. Sie begannen sich durch die Häuserzeilen zu fressen, bis die Innenstadt fast vollständig zerstört war. Eine Katastrophe für die Hafenstadt, die ihren Platz als Handelszentrum und Börsenplatz behaupten musste. Die reichen Kaufleute wollten schnell ein Signal setzen. Hamburg sollte wiederaufgebaut werden – und zwar besser als zuvor.

Die Stadt verpflichtete den britischen Ingenieur William Lindley, ein Wassersystem zu planen. Es sollte Hydranten für Löschwasser installieren und Haushalte mit Trinkwasser versorgen. Lindley hatte ambitionierte Pläne. Tatsächlich erhielt Hamburg bald die modernste Wasserversorgung jener Zeit – auch weil die Stadt ein Enteignungsgesetz erließ. Grundbesitzern konnten Grundstücke weggenommen werden, wenn sie sich gegen die Veränderung sträubten.

Der Brand von 1842 war ein Glücksfall für Lindley, der es ihm erlaubte, seine Entwürfe umzusetzen. Allerdings nur zum Teil: Auf eine aufwendige Reinigung der Abwässer verzichtete die Stadt. Zu teuer. Die Folge: In der zweiten Hälfte des 19. Jahrhunderts brach regelmäßig die Cholera aus. Der Zusammenhang zwischen Erreger und Krankheit wurde erst 1883 von Robert Koch entdeckt, der zum Höhepunkt der Epidemie kopfschüttelnd über Hamburg schrieb: »Ich vergesse, daß ich mich in Europa befinde.«

Nach dem Choleraschock beeilte sich Hamburg, das Versäumte aufzuholen. Man plante eine gewaltige Anlage, mit der die Abwässer gefiltert werden sollten. Soldaten wurden abkommandiert, die beim Bau mit anpackten. Die Cholera ist seitdem Geschichte.

Abschaffung der Sklaverei, das Rauchverbot, die Revolution der Hygiene – drei Beispiele, ein Muster: Es dauert, bis ein Problem erkannt wird und genügend Menschen sich für eine Veränderung einsetzen. Am Anfang wirkt alles fast unbeweglich. Dann jedoch kann es schnell gehen.

Es wird nicht den einen Weg geben, um die Krise der Biodiversität in den Griff zu bekommen. Einen Schmetterling, der nur auf einer Insel existiert, rettet man vielleicht mit einem Rodungsstopp für seinen Wald. Tiefseekorallen, indem man die Schleppnetzfischerei einschränkt. Eisbären wird es nur dann noch geben, wenn die Klimakrise nicht das komplette Meereis frisst. Millionen Arten, Millionen Wege.

Manche Pläne werden extrem lokal sein, andere brauchen nationale Strategien, ein Teil der Arten wird nur mit internationalen Übereinkommen zu retten sein, für manche kann ein einzelner Mensch unendlich viel bewirken. Hier unterscheidet sich der Kampf um Biodiversität von dem gegen die Klimakrise: Um das sechste Massensterben aufzuhalten, braucht es Lösungen auf allen möglichen Ebenen. Und deshalb kann hier, mehr noch als bei der Klimakrise, jeder etwas Zählbares tun.

Noch steht nicht fest, welchen Weg wir wählen werden: immer tiefer hinein in das Chaos der Ökokrise. Oder in Richtung einer großen, grünen, radikalen Transformation. Wenn sie tatsächlich kommen sollte, dann wird sie nicht mit einem Dekret beginnen, das Präsidenten und Kanzlerinnen unterzeichnen. Sondern an vielen Orten, getragen von vielen Menschen mit den unterschiedlichsten Ideen.

8

Ausnahmezustand

Die Demokratie im Zeitalter der Ökologie

> Die heißesten Plätze in der Hölle sind für jene reserviert, die in Zeiten der Krise nicht Partei ergreifen.
>
> DANTE ALIGHIERI, DICHTER

Ronald Reagan und Margaret Thatcher haben die Welt vor einer Krebsepidemie, Missernten, Hungersnöten, Erderhitzung, Ressourcenkriegen und Chaos gerettet. Wir verdanken ihnen den ersten globalen Umweltschutzvertrag, der wirklich funktioniert. Zwei Erzkapitalisten als grüne Helden?

Wir schreiben das Jahr 1974. Als der Chemiker Frank Sherwood Rowland abends von der University of California in Irvine nach Hause kommt, fragt ihn seine Frau, wie er mit seinen Forschungen vorankomme. »Es läuft richtig gut«, sagt er, »ich glaube nur: Es ist das Ende der Welt.«

In der Erdatmosphäre gibt es nur sehr wenig Ozon. Am häufigsten kommt es noch in der Stratosphäre vor, aber selbst dort sind von einer Million Molekülen nur eine Handvoll Ozon. Diese wenigen reagieren ausgesprochen allergisch auf Fluorchlorkohlenwasserstoffe. FCKW setzen nämlich, wenn sie vom Sonnenlicht getroffen werden, ihr Chloratom frei. Und ein einziges kann 100 000 Ozonmoleküle zerstören.

Ozon ist der Stoff, der verhindert, dass zu viel aggressive UV-Strahlung die Erde erreicht. Ohne Ozon gäbe es uns gar nicht: Erst vor etwa einer Milliarde Jahren, als sich genug davon in der Stratosphäre angereichert hatte, konnte sich an Land pflanzliches, tierisches und irgendwann schließlich auch menschliches Leben entwickeln. Ist zu wenig Ozon vorhanden, bekommen wir häufiger Hautkrebs. In Deutschland hat sich die Zahl der Patienten in den vergangenen fünfzig Jahren ungefähr verzehnfacht. Die energiereiche Strahlung schädigt nicht nur uns, sondern die DNA fast aller lebenden Organismen. Tiere werden krank. Pflanzen wachsen nicht mehr richtig, es kommt zu Missernten und Hungersnöten. Der Klimawandel beschleunigt sich dramatisch, weil Ozon auch als Hitzeschutz wirkt. Das Meer nimmt mehr CO_2 auf, das Wasser wird sauer, Kieselalgen haben es schwerer, sich zu vermehren.

Und ohne Kieselalgen ... aber das wissen Sie ja schon.

Zusammen mit seinen Kollegen Mario Molina und Paul Crutzen (genau, der mit dem Anthropozän) wird Rowland 1995 mit dem Nobelpreis für Chemie geehrt. Die Forschungsergebnisse der drei kennt heute jedes Kind: Die bei ihrer Einführung gefeierten FCKW, mit denen sich so wunderbar Haarspray versprühen und Bier kühlen lässt, zerstören die Ozonschicht der Erde. Aber bei der Erstveröffentlichung ihrer Studie sprachen die Forscher nur von »unsichtbaren Strahlen und unsichtbaren Gasen, die eine unsichtbare Schicht erreichten«. Niemand interessierte sich dafür.

Das Montreal-Protokoll

Erst gut zehn Jahre später benutzt Rowland in einem Vortrag dann zum ersten Mal den Begriff »Ozonloch«. Am gleichen Tag steht das Schlagwort in der *New York Times*. Nach all den Jahren, in denen viele Forscher und Forscherinnen wenig erfolgreich dafür gekämpft hatten, dem Thema mehr Aufmerksamkeit zu verschaffen, hat die Krise nun einen Namen, der zündet.

Margaret Thatcher und Ronald Reagan schalten sich ein. Auch viele andere, aber die beiden in vorderster Linie. Der US-Präsident, der es liebt auszureiten, hat Hautkrebs auf der Nase gehabt, seine Frau auf der Lippe. Margaret Thatcher ist Chemikerin und versteht sofort, wie dramatisch die Lage ist. Vor der Generalversammlung der Vereinten Nationen hält sie später eine flammende Rede: »Es wird jeden treffen, keiner kann sich dem entziehen«, sagt sie, »jedes Land muss seinen Beitrag leisten. Die Länder, die industrialisiert sind, müssen die Länder unterstützen, die es nicht sind.« Schließlich: »Es ist das unvergleichlich kostbare Leben, das unseren von anderen Planeten unterscheidet. Es ist dieses Leben selbst, für dessen Erhalt wir kämpfen müssen.«

Zur Wahrheit gehört auch: Die grüne Phase von Margaret Thatcher und Ronald Reagan währt nur kurz. In den folgenden Jahren fördern beide den Ausbau der Atomenergie, sie stützen aus politischem Kalkül die Öl- und Kohleindustrie.

Sie verpassen den historischen Moment, in dem die westlichen Industriestaaten die ökologische Transformation noch vergleichsweise schmerzlos hätten einleiten können. Sie sind keine grünen Helden. Aber bei den FCKW treffen sie die richtige Entscheidung und schaffen eine Blaupause dafür, wie Umweltkrisen zu managen sind.

Reagan und Thatcher streiten gemeinsam für ein Abkommen zum Schutz der Ozonschicht, das Montreal-Protokoll. 1987 wird es angenommen. Die Staaten der Welt vereinbaren darin, FCKW zu reduzieren, später werden sie sogar ganz verboten. Inzwischen schrumpft das Ozonloch. Das Montreal-Protokoll war der erste internationale Vertrag, dem ausnahmslos alle Mitglieder der Vereinten Nationen zustimmten. UN-Chef Kofi Annan bezeichnete es später als das »erfolgreichste Abkommen aller Zeiten«.

Manchmal schafft Politik so etwas.

Meistens aber nicht.

Die Bauern und die Politik

Die Landwirtschaft trägt jährlich etwa 21 Milliarden Euro zur Bruttowertschöpfung in Deutschland bei. Sie kostet die Gesellschaft im gleichen Zeitraum aber etwa 100 Milliarden Euro, stellt die Boston Consulting Group (BCG) Ende 2019 in einer Studie fest. Der allergrößte Teil davon entfällt auf die verheerende Wirkung, die Ackergifte, Monokulturen und Mechanisierung auf die Umwelt haben. Das sind externalisierte Umweltkosten, Kosten, für die nicht die Verursacher aufkommen, sondern die gesamte Gesellschaft. Rein wirtschaftlich betrachtet ist die deutsche Landwirtschaft ein schlechtes Geschäft. Ökologisch ist sie eine Katastrophe.

Das liegt nicht an den Bäuerinnen und Bauern. Viele von ihnen, insbesondere die mit kleineren Betrieben, machen ihren Job im Rahmen der Möglichkeiten so gut es eben geht. Es liegt am Rahmen. Und den definiert die Politik, in diesem Fall die Europäische Union über ihre Agrarpolitik.

Klar: Landwirtschaft produziert Nahrung und ist deshalb kein beliebiges Geschäft. Sie ist im Wortsinne lebenswichtig und genießt deshalb völlig zu Recht auch besonderen Schutz durch die Regierungen. Die vergeben in Europa Subventionen vor allem abhängig von der Größe landwirtschaftlicher Flächen anstatt für nachhaltige Qualität. Sie verwenden Steuergelder dafür, die ökologischen Schäden der Intensivbewirtschaftung zu reparieren, anstatt sie in moderne Technologien und schonendere Anbaumethoden zu investieren.

Das Resultat ist eine umweltschädliche Agrarindustrie, die Vögel, Insekten sowie Wildpflanzen verdrängt, die uns alle teuer zu stehen kommt und über die ständig gestritten wird. Diese Art der Planlandwirtschaft macht niemanden froh.

Dabei herrscht zwischen Politikerinnen, Bauern, Verbraucherinnen und Umweltschützern Einigkeit darüber, wie Landwirtschaft eigentlich sein und was sie leisten soll: Sie soll so effizient, lukrativ und umweltschonend wie eben möglich arbeiten. Weil der EU die Bauern so wichtig sind, gibt sie ihnen rund 40 Prozent ihres gesamten Budgets. Viele, viele Milliarden Euro. Trotzdem sterben gleichzeitig die Höfe und die Insekten. Viel Geld fließt rein, wenig Wohlstand und noch weniger Umweltschutz kommen raus. Das ist das Agrarparadox: Alle wollen das Gleiche, und es passiert das Gegenteil.

Inzwischen ist das landwirtschaftliche Subventions- und Vorschriftensystem in Europa so etabliert, es ist so groß und komplex geworden und wird von so vielen unterschiedlichen Interessengruppen immer weiter aufgebläht, dass es fast unmöglich scheint, diesen Augiasstall auszumisten. Vielleicht ist es Zeit für die Herakles-Methode: Der Halbgott aus der griechischen Mythologie hat sich, weil er – genau wie wir bei der ökologischen Transformation – unter erheblichem Zeitdruck stand, nicht mit Einzelmaßnahmen aufgehalten, sondern das Fundament von Augias' Rinderstall aufgebrochen und einen ganzen Fluss hindurchgeleitet. Der spülte dann den Mist von Jahrzehnten an einem einzigen Tag fort.

Es ist Zeit für grundlegende und schnelle Veränderungen. Nicht nur in der Agrarwirtschaft, genauso bei den Themen Energie, Verkehr, Bau und all den anderen Bereichen, die von besonderer Bedeutung für die Umwelt sind. Das schleppende Reformtempo ist zumindest zum Teil auch den politischen Ritualen geschuldet, den Spielregeln der Demokratie. Es dauert einfach zu lange, bis wissenschaftliche Erkenntnisse und der Wille der Bürgerinnen und Bürger sich in Vorschriften und Gesetzen niederschlagen.

Was die Forschung zum Artensterben sagt, haben wir bereits ausführlich behandelt. Wie wichtig Umweltpolitik für die Menschen ist, zeigt sich etwa in einer Studie der Europäischen Investitionsbank aus dem Jahr 2019. Danach sind gut zwei Drittel der Deutschen für ein Verbot von Kurzstreckenflügen (in China: 93 Prozent, in den USA immerhin noch 60 Prozent). Die

Mehrheit wünscht sich außerdem höhere Preise für besonders umweltbelastende Produkte wie rotes Fleisch oder Mobiltelefone. Sogar 88 Prozent wollen, dass ihre Kinder in der Schule mehr über Themen wie Mülltrennung und Klimawandel erfahren. Der viel beschworene Bewusstseinswandel hat längst begonnen, Volkes Wille ist da – doch die Politik ist schwach.

Um sie zu ertüchtigen, braucht es das Engagement der Vielen: auf der Straße, in Bürgerinitiativen, in Parteien, einfach überall. Im vorangegangenen Kapitel haben wir darüber nachgedacht, wie eine Gesellschaft ihre demokratischen Muskeln trainieren kann. Nun versuchen wir zu verstehen, wo in unserem politischen System die Hebel stecken, die große Veränderungen bewirken können. Und am Ende schlagen wir schließlich auch noch ein politisches Werkzeug vor, mit dem sich diese Reformen schnell umsetzen lassen.

Clever manipulieren

Mit welchen Hebeln sich viel verändern lässt, darüber denkt die Systemtheorie nach. Donella Meadows, die 1972 den Club-of-Rome-Bericht *Die Grenzen des Wachstums* mit herausgab, hat Mechanismen beschrieben, die Systeme entweder stabilisieren oder völlig aus dem Takt bringen können.

Positive Rückkopplungen beschleunigen Entwicklungen. Ein Beispiel: Neben einem Acker liegt ein See. Wenn der Bauer düngt, läuft Gülle ins Wasser. Was dann passiert, ist bekannt: Die Nährstoffe aus der Gülle düngen die Algen. Die vermehren sich, und wenn sie sterben, sinken sie zu Boden. Dort werden sie von Mikroorganismen zersetzt, die dabei Sauerstoff verbrauchen. Irgendwann ist der ganze Sauerstoff im Wasser verbraucht. Es entsteht eine Todeszone. Der See kippt um, alles stirbt.

Negative Rückkopplungen wirken hingegen stabilisierend: In einer anderen Gemeinde düngt eine Bäuerin ebenfalls mit Gülle, ein Teil davon gelangt ebenfalls in den angrenzenden Gemeindesee. Aber hier muss die Bäuerin nach dem Verursacherprinzip jeden Monat Geld an die Gemeinde zahlen – die Höhe der Summe ist dabei abhängig vom Verschmutzungsgrad des Sees. Je dreckiger, desto teurer. Die Bäuerin wird den Einsatz von Gülle reduzieren, damit der Zustand des Sees wieder besser wird.

Verzichtet der Bürgermeister auf die Gülle-Abgabe, um die Bäuerin zu schützen, schaltet er dadurch die negative Rückkopplung aus, die das System zuvor stabilisiert hat. Dann kippt auch der zweite See. Die Bürger und Bürgerinnen der Gemeinde haben den Schaden. Ihr Verhältnis zur Bäuerin wird immer schlechter. Das zum Bürgermeister auch. Der Politiker wollte helfen und hat geschadet.

So ähnlich wirken in Europa Agrarsubventionen, die nicht Qualität, sondern Quantität belohnen. So ähnlich wirken zu schwache Abgasvorschriften für Autos, zu großzügige Fristen bei der Abwicklung der Kohleindustrie, zu laxe Fischereiquoten, Förderungen für Strom aus Mais und Subventionen für Flugbenzin. Nur allzu oft meint die Politik es gut und macht es schlecht.

Wer nur an den Symptomen herumdoktert, kann auch nur kleine Veränderungen erreichen. Donella Meadows meinte deshalb, wir sollten völlig anders vorgehen, um bessere Resultate zu erzielen. Wir müssten Systeme clever manipulieren, an den richtigen Stellen. Wir sollten nicht die Spielsteine verändern, sondern neue Regeln und Ziele definieren. Dadurch könnten wir dann Rückkopplungseffekte nutzen und mit kleinen Veränderungen große Wirkung erzielen.

»Systeme, wie die drei Wünsche der Fee, haben die schreckliche Eigenschaft, genau das zu produzieren, wonach man gefragt hat«, warnte Meadows. Wenn also das Ziel lautet, nur eine bestimmte Menge Gülle pro Hektar Ackerland zuzulassen, erreicht man mit einer entsprechenden Güllevorschrift auch genau das. Was man nicht erreicht: einen gesunden See.

Wir brauchen schlauere Regeln, wenn wir eine effiziente, lukrative und umweltschonende Landwirtschaft wollen. Im Beispiel also: eine Abgabe für das Verspritzen von Gülle, abhängig von der Belastung des Sees.

In der Demokratie insgesamt: Bürgerbeteiligung so gestalten, dass die Vorteile von Umweltvorschriften für alle klar werden. Das stärkt die demokratische Basis für Umweltreformen. Und die bedeuten am Ende keinen Verzicht, sondern einen Gewinn für die Allgemeinheit.

Und was ist mit den Armen?

Wenn wir die gewaltigen Vorteile nachhaltiger Gesellschaften nicht endlich in den Vordergrund stellen, diskutieren wir immer nur über die Umstellungsschmerzen. Und produzieren Widerspruch. Laut BCG-Studie würde etwa die Einbeziehung der landwirtschaftlichen Umweltkosten in die Kalkulation die wahren Kosten von Nahrungsmitteln spürbar verteuern.

Schweinefleisch, Eier und Kartoffeln wären in Deutschland ungefähr doppelt so teuer wie jetzt, Rindfleisch würde sogar das Fünf- bis Sechsfache kosten. Dann hätten wir zwar Kostenwahrheit, aber auch soziale Härten.

Es ist aber Unsinn, sogar zynisch, das soziale gegen das ökologische Argument auszuspielen, weil Ungleichheit schon jetzt allgegenwärtig ist. Oft versuchen das auch ausgerechnet jene, denen es erkennbar weniger um soziale Gerechtigkeit als um Bewahrung des Status quo geht. Außerdem gibt es viele Vorschläge, wie sich die sozialen Folgen abfedern lassen: So könnten die Einnahmen aus einer wie auch immer gearteten CO_2-Bepreisung der Sozialpolitik zufließen, oder eingesparte Subventionen könnten dafür verwendet werden, Menschen mit wenig Geld zu unterstützen. Am Ende würden alle profitieren. Nicht nur finanziell, auch politisch: weil die Demokratie glaubwürdiger und überzeugender wäre.

Global betrachtet trifft die Ökokrise die Unterprivilegierten sowieso härter als die Reichen. Afrikanische Kleinbäuerinnen mit verdorrten Feldern, asiatische Fischer mit leeren Netzen und Südseeinsulaner, deren Häuser im Meer versinken – die ersten Opfer sind die wirklich Armen. Umweltschutz ist grundsätzlich immer Menschenschutz und auf jeden Fall sozialer als die Gleichgültigkeit, mit der wir bisher einfach hinnehmen, dass mehr als zwei Milliarden Menschen keinen Zugang zu sauberem Wasser haben.

Reagan und Thatcher sind mit dem Ozonproblem ganz anders umgegangen als wir mit der Ökokrise: Sie haben das Umweltproblem weder geleugnet noch heruntergespielt. Sie haben nicht abgestritten, dass schnell gehandelt werden muss, und sie haben nicht behauptet, der freie Markt würde automatisch alles richten. Sie haben nicht auf die Lobbygruppen der milliardenschweren Industrie gehört, sie haben der Öffentlichkeit klar und deutlich erklärt, warum das Ozonproblem ein Menschheitsproblem ist.

Sie haben die richtige Priorität gesetzt: ohne Ozon keine menschliche Zivilisation. Also das Wichtigste zuerst: FCKW verbieten. Weder den Haarspray- noch den Kühlschrankherstellern hat das übrigens geschadet, im Gegenteil. Das FCKW-Verbot hat ihr Geschäft belebt. Und dabei Millionen Leben gerettet.

Die Grenzen der Freiheit

Umweltschutz hat viel mit Anreizen, aber manchmal auch mit Verboten zu tun. Mit Einschränkungen der Freiheit. Karl Marx hat darüber Folgendes geschrieben: »Ein Yankee kommt nach England und wird von einem Friedensrichter daran gehindert, seinen Sklaven auszupeitschen. Entrüstet ruft er: ›Nennen Sie dies ein Land der Freiheit, in dem ein Mann seinen Nigger nicht verdreschen kann?‹«

Der Amerikaner in der Geschichte hält Freiheit für ein persönliches Privileg, nicht für ein Recht, das allen zusteht. Wenn aber alle frei sein sollen, endet die individuelle Freiheit dort, wo die Freiheit des Nächsten beginnt. Umweltzerstörung bedroht alle Menschen, also darf der Einzelne nicht nach Belieben über die Natur verfügen.

Wir sind schon jetzt umgeben von Tausenden Verboten,

Vorschriften und Regeln. Viele davon zielen auf unser Umweltverhalten. Wir dürfen unseren Müll nicht einfach vor die Tür werfen, wir müssen den Kot unserer Stadthunde aufsammeln, sollen die Bananenschale nicht in die Restmülltonne werfen und dürfen unsere Autos nicht im Garten waschen. Das sind alles Einschränkungen unserer Freiheit. Ganz kleine. Um kleine Umweltprobleme zu regeln.

Jetzt aber haben wir große Umweltprobleme. Artensterben und Klimakrise sind globale, multikausale, vielschichtige Prozesse, die sich beschleunigen, die chaotisch verlaufen, deren Dramatik und Dynamik ständig zunehmen. Wir können sie nicht mit Einzelregelungen bekämpfen, sondern brauchen einen skalierbaren Handlungsrahmen, der es uns erlaubt, auf ökologische Herausforderungen zügig und angemessen zu reagieren. Kraftvoll zu reagieren. Wenn wir zögern, immer nur reagieren, statt proaktiv zu handeln, landen wir in einem Dilemma: Der Handlungsdruck wird immer größer, der Handlungsspielraum gleichzeitig immer kleiner. Es ist zu spät, erst nach dem Eimer zu suchen, wenn das Haus schon brennt.

Die öko-kalyptischen Reiter rasen in vollem Galopp auf uns zu. Die Zeit für behutsame Veränderungen, kleine Kompromisse, langjährige Transformationsregelungen, Kompensationszahlungen, für unentschlossene Schritt-für-Schritt-Reformen, ist längst vorbei.

Hier versagen die seit Jahrzehnten eingeübten Rituale der Politik. Wir brauchen sehr schnelle und sehr radikale Veränderungen, um wenigstens das Schlimmste zu verhindern. Ansonsten verlieren wir die Freiheit, uns selbstbestimmt zu beschränken, und werden von den häufiger werdenden Stürmen, den Fluten, den Dürren, den Waldbränden, den steigenden Meeren, den unfruchtbaren Feldern, den unbestäubten Pflanzen, der verschmutzten Luft und all den anderen ökologischen Zwängen zur Aufgabe von immer mehr Freiheiten gezwungen. Bernd Ulrich schreibt: Wenn es »zu einer Ökodiktatur kommen sollte«, dann nicht, weil irgendjemand diese Diktatur wolle, sondern weil »die Summe der Vorsorge- und Schutzmaßnahmen«, die uns die Natur aufzwingt, »allmählich einen Notstandsstaat entstehen lässt«.

Dieses Mal steht nicht nur ein einzelner Schadstoff zur Debatte wie im Fall der Ozonkrise, sondern die ökologische Transformation der ganzen Gesellschaft. Und große Teile davon wollen gar nicht ökologisch transformiert werden, weil das Leben heute ja so schön ist wie das der fetten Gans am Tag vor Weihnachten.

Am Ende droht die Ökodiktatur

Der Philosoph Hans Jonas hatte schon vor dreißig Jahren die Befürchtung, Umweltzerstörung könne letztendlich in die Tyrannei führen: »Als rettende Zuflucht müssten wir selbst sie hinnehmen, denn sie ist immer noch besser als der Untergang.«

Diktatur oder Untergang? So weit sind wir zum Glück noch nicht. »Wenn die Kluft zwischen klimapolitischer Ungeduld der außerparlamentarischen Bewegung und klimapolitischer Trägheit von Politik und Wirtschaft wächst«, schreibt Ralf Fücks vom Thinktank Zentrum Liberale Moderne, könne daraus sehr schnell »eine Legitimationskrise von Marktwirtschaft und liberaler Demokratie werden«. Und dabei hat er das Artensterben noch nicht einmal mitgedacht.

Im politischen Washington klingt das krasser: Die größte »nationale, soziale, industrielle und ökonomische Mobilmachung seit dem Zweiten Weltkrieg« verkündeten dort die demokratische Kongressabgeordnete Alexandria Ocasio-Cortez und der gleichfalls der Demokratischen Partei angehörende Senator Edward Markey, als sie im Februar 2019 einen »Green New Deal« forderten. Hört sich an, als wollten sie in den Ökokrieg ziehen.

Zumindest rhetorisch hängen die Europäer nicht allzu weit hinterher. Im selben Jahr rief das Europaparlament den Klimanotstand aus. Spanien hat es auch getan, genauso wie Großbritannien. Frankreich ist dabei, Australien auch, Argentinien ebenfalls. Und es werden mehr. In den USA haben inzwischen zahlreiche Städte, von New York bis San Francisco, den Notstand erklärt. In Deutschland sind es um die siebzig Städte und Gemeinden. 2019 erklärten in der Zeitschrift *BioScience* 11 000 Wissenschaftlerinnen und Wissenschaftler gemeinsam den globalen Klimanotstand.

Mobilmachung? Notstand?

Das klingt dramatisch, aber das ist die Lage auch. Noch nie in der Geschichte war eine Bedrohung so global und so umfassend wie die Ökokrise. Doch die bisherigen Notstandserklärungen haben so gut wie keine praktischen Auswirkungen. Es patrouillieren keine UN-Grünhelme durch die Städte, die SUVs aus dem Verkehr ziehen, Steakhäuser mit Sojabratlingen bestücken, Kohlekraftwerke absperren und Gülle-Bauern von der Scholle jagen. Der Notstand ist nur symbolisch. Auch die Mobilmachung der US-Demokraten ist nur Theaterdonner. Es gibt keinen klar benennbaren Feind, auf den man schießen könnte, keine Nazi-U-Boote vor der Küste, keine japanischen Bomber im Anflug. Es gibt nur uns und die Art, wie wir konsumieren. Wir sind das Problem. Wir können uns nicht selbst bekämpfen, wir können uns höchstens ändern.

Aber funktioniert Demokratie überhaupt noch, wenn es ums Überleben geht und die Zeit knapp wird?

Katastrophenmanagement

Zum Glück ja. Wenn sie sich selbst in den Krisenmodus versetzt. Im Kampf gegen Seuchen hat sie sich sogar als überaus handlungsfähig erwiesen.

Als wir dieses Buch gerade fertig geschrieben hatten, im März 2020, verbreitete sich das Coronavirus SARS-CoV-2 in Windeseile über die gesamte Erde. Also haben wir den Druck verschoben und uns mit dem Gedanken beschäftigt, welche Lehren wir aus der Corona-Krise für die Zukunft ziehen können. Und was eine Pandemie mit Artensterben und Klimakollaps zu tun hat.

Erstaunlich viel.

In Kapitel 4 haben wir bereits beschrieben, dass die Zerstörung von Natur, die Expansion von Menschen in jeden Winkel der Erde und der gedankenlose Handel mit wilden Tieren es Viren erleichtert, auf Menschen überzuspringen. Das ist die erste Verbindung: Umweltschutz ist auch Seuchenschutz.

Binnen weniger Wochen legte das Coronavirus das komplette öffentliche Leben, die Wirtschaft und die Finanzmärkte lahm. Plötzlich riefen tatsächlich Nationen rund um die Welt einen Ausnahmezustand aus, und zwar nicht nur einen symbolischen. Im Fall des Coronavirus ist er medizinisch begründet, nicht ökologisch, aber interessant wird es dort, wo man sich die Mechanismen anschaut, die die globalisierte Welt zum Innehalten zwingen – und wie die Menschen darauf reagieren. Das ist die zweite Verbindung.

Die Krise stellte Staaten vor eine unüberschaubare Zahl von Einzelproblemen, vom leeren Nudel-Regal über Firmenkonkurse bis hin zu überfüllten Intensivstationen. Manche autoritäre Regime wie Belarus oder Brasilien ignorierten die Gefahr lange und nahmen Zehntausende unnötige Tode in Kauf, andere wie China verhängten Maßnahmen, die drakonisch waren, aber den Verlauf der Pandemie verlangsamten. Demokratische Staaten reagierten ebenfalls heftig und mit krassen Eingriffen in Freiheitsrechte, was mal besser – wie in Neuseeland oder Taiwan – und mal schlechter funktionierte – wie zwischenzeitlich in Deutschland. Die Staaten schränkten die Freiheit ihrer Bürger ein, wo immer sie das für notwendig erachteten. Als das Coronavirus sich ausbreitete, bot sich von China über Japan bis nach Europa das gleiche Bild: Reiseverbote, Ausgangssperren. Keine Konzerte, keine Versammlungen, keine Demonstrationen mehr. Erzwungene Quarantänen. Neue, im Eiltempo verabschiedete Gesetze. Logistische und finanzielle Hilfspakete von bis dahin unvorstellbarem Ausmaß. Geschlossene Schulen, geschlossene Geschäfte, geschlossene Grenzen.

So deutlich wie hier hat sich ein Zusammenhang in der

jüngeren Geschichte wohl nie gezeigt: Die Politik war da erfolgreich, wo sie ihre Entscheidungen kompromisslos von den Erkenntnissen der Wissenschaft abhängig gemacht hat. Zumindest zu Beginn ließ die Seuche keinen Platz mehr für Ideologien, Meinungen und parteipolitische Taktikspielchen. Forscher wie etwa der deutsche Virologe Christian Drosten haben, auch ohne politisches Amt, quasi eine Lenkungsfunktion im Land übernommen, weil ihre wissenschaftlichen Einschätzungen der gesamten Gesellschaft einen Handlungsrahmen vorgaben. Hier liegt ein möglicher Weg, aus der Corona- für die Ökokrise zu lernen: Wissenschaft und Macht treten in einen Dialog miteinander. Die Forschung mit allen Widersprüchen, offenen Fragen und Unsicherheiten, die jedes Thema mit sich bringt, gibt das Was vor, die Politik entscheidet über das Wann und das Wie – sie nimmt die Bedrohung ernst. Das Artensterben und die Klimakrise werden seit Jahrzehnten intensiv erforscht, die Warnungen der Forschenden werden aber von der Politik bis heute meist in den Wind geschlagen. Dabei müssten sie, mehr noch als COVID-19, mit größtmöglicher Dringlichkeit behandelt werden. So wie Reagan und Thatcher es beim Ozon machten.

Besonders zu Beginn der Pandemie gab es gegen das resolute staatliche Durchgreifen zur Bekämpfung kaum Widerstand, etwa drei Viertel der Deutschen unterstützten die Politik. Es war, bei aller Kritik an einzelnen Maßnahmen, im Allgemeinen fast Erleichterung darüber zu spüren, wie entschlossen die Behörden handeln. Die im Alltag gewohnte und geliebte Mündigkeit des Bürgers und der Bürgerin verwandelte sich in der Ausnahmesituation in einen Quell der Unsicherheit, weil die Dimension der notwendigen Entscheidungen als Überforderung empfunden wurde. Ist es noch zu verantworten, im Restaurant zu essen, kann ich meine Angehörigen im Krankenhaus besuchen, soll ich noch zur Arbeit gehen? Kaum jemand von uns konnte solche Fragen eigenständig beantworten. Klare Regeln helfen in der Not. Später wandelte sich das Bild. Die Zustimmung der Bevölkerung für die Corona-Politik schwand, und das korrelierte nicht zufällig mit dem Grad, mit dem Politikerinnen und Politiker sich von dem entfernten, was die Wissenschaft ihnen riet, und die Pandemie nutzten, um sich zu profilieren oder sogar zu bereichern.

Wenn Wissenschaft und Behörden die Bevölkerung über die mit dem Virus verbundenen Gefahren informierten und die Gegenmaßnahmen erläuterten, war ein großer Teil bereit, den Regeln und Ratschlägen zu folgen. Ein guter Informationsfluss und vollständige Transparenz sorgten dafür, dass die meisten von allein beschlossen, Massenveranstaltungen und Risikogebiete zu meiden, aufs Händeschütteln zu verzichten, die Geburtstagsfeier zu verschieben und die Großeltern erstmal nicht zu besuchen.

Daraus können wir etwas Wichtiges lernen: Wenn die Bevölkerung aufgeklärt ist, wenn sie weiß, was auf dem Spiel steht und was getan werden muss, dann handeln die allermeisten sehr verantwortungsbewusst. Der freie Fluss von Fakten und Informationen ist eine der wichtigsten und kostengünstigsten Stellschrauben, um Verhalten zu ändern. Dafür zu sorgen, dazu sind Demokratien besser in der Lage als autoritäre Staaten. Menschen sind nämlich durchaus bereit, sich einzuschränken, wenn die Vorteile des Verzichts klar und deutlich benannt werden. Der deutsche Ethikrat empfiehlt daher, »Politik und Gesellschaft dafür zu sensibilisieren, die dargelegten Konfliktszenarien auch als normative Probleme zu verstehen«. Normen und Werte lassen sich aber nicht par ordre du mufti ändern, sondern nur durch Überzeugungskraft, durch gute Argumente.

Unter Umständen stellt sich dann sogar ein, was die Essayistin Rebecca Solnit *Desaster-Kollektivismus* nennt: »Das Gefühl des Eintauchens in den Augenblick und der Solidarität mit anderen, verursacht durch den Bruch im Alltag, ein Gefühl, das schwerer als Glück ist, aber zutiefst positiv.« Im Desaster kann eine Gesellschaft, der Beweis ist erbracht, ihre Normen und Werte, ihre Gewohnheiten und Rituale auch schlagartig verändern, ohne dabei ihre DNA, ihren Wesenskern zu verlieren. Wir sind auch in der Corona-Krise wir geblieben. Und das, obwohl fast jeder von einem Tag auf den anderen, ohne großes Murren, sein Verhalten bei der Arbeit, in der Freizeit, beim Sport und in der Familie völlig umgestellt hat. Die allermeisten haben verstanden: Die Einschränkung einiger persönlicher Freiheiten ist sinnvoll, sie dient dem Gemeinwohl.

Demokratie in Gefahr

Große Krisen erfordern unkonventionelle Maßnahmen. Ganz offensichtlich sind wir dazu fähig, sowohl auf der internationalen als auch auf der institutionellen und der persönlichen Ebene. Die Demokratie kann Krise.

Aber wie lange kann sie im Krisenmodus verbleiben, ohne Schaden zu nehmen?

Anfang April 2020 werden die ersten Unmutsbekundungen hörbar. Wirtschaftsfachleute fordern, den Lockdown zeitlich zu begrenzen, um einen ökonomischen Kollaps zu verhindern. Die ersten Klagen gegen die Zwangsmaßnahmen werden bei den Gerichten eingereicht. Die Angst, die Freiheit könne dauerhaft Schaden nehmen, wächst. Und dafür finden sich durchaus Anlässe:

In Deutschland schaffen Bund, Länder und Kommunen es nicht, sich auf einheitliche Einschränkungen der Bewegungsfreiheit zu verständigen. Einige Landräte und Bürgermeisterinnen lassen Menschen aus ihren eigenen Häusern werfen, nur weil sie ihren ersten Wohnsitz an einem anderen Ort angemeldet haben.

In Israel schlägt der unter Korruptionsverdacht stehende Ministerpräsident Benjamin Netanjahu vor, das Land wegen der Corona-Krise drei Jahre lang von einer Notstandsregierung führen zu lassen – was ihm persönlich Chancen eröffnen würde, einem drohenden Gerichtsprozess zu entgehen.

In Großbritannien wird dem Unterhaus eine Notstandsverordnung zum Beschluss vorgelegt, die den Behörden erlauben würde, mutmaßlich Infizierte festzunehmen und bis zu einem Monat lang unter Zwang zu isolieren. Geistig Behinderte könnten danach festgesetzt und Lebensmittel rationiert werden, Ärzte dürften Totenscheine für Menschen ausstellen, die sie nie untersucht haben.

In Ungarn lässt Regierungschef Victor Orbán 140 Unternehmen unter Militäraufsicht stellen, weil er sie für strategisch wichtig hält. Wie in einem Land unter Kriegsrecht. Und er präsentiert einen Gesetzentwurf, der es ihm erlaubt, theoretisch für unbegrenzte Zeit per Dekret zu regieren. Das Parlament ist damit weitgehend ausgeschaltet.

Die Gefahr, das Virus könne vom Menschen auf die Demokratie überspringen und auch bei ihr eine fiebrige und potenziell tödliche Krankheit auslösen, ist nicht von der Hand zu weisen. Wie Regierungen den Corona-Notstand missbrauchen, um sich langfristig mehr Macht zu sichern, scheint ganz konkret zu bestätigen, was die Politik- und Gesellschaftstheorie schon immer befürchtete, nämlich dass »jeder rein nach Effizienzkriterien durchgesetzte Versuch der Naturbeherrschung die Gefahr in sich birgt, in die Beherrschung von Menschen umzuschlagen«, wie der Politikwissenschaftler Hans-Jörg Sigwart schreibt. Die Stimme der Natur, das wusste schon Hannah Arendt, spricht immer die Sprache der Notwendigkeit. Sie spricht nicht die Sprache der Freiheit.

Das ist der große Unterschied zwischen der Corona- und der Ökokrise: Der Zwang, innerhalb von Wochen, oft sogar nur Tagen, weitreichende Einschränkungen der Grundrechte zu verordnen, öffnet Machtmissbrauch Tür und Tor. Wenn das Gewaltmonopol an keine Gesetze mehr gebunden ist, wenn über dem entfesselten Staat kein souveränes Volk mehr steht, kann auch niemand das Ende des Ausnahmezustandes erzwingen. Dann hängt das Schicksal des Rechtsstaates nur noch von der Charakterfestigkeit seiner Protagonisten ab.

Und hier ist die große Gemeinsamkeit der Corona- und der Ökokrise: Es sind die Gesetze der Natur, die verändern können, was uns unveränderlich zu sein scheint. Ob Natur hier

Seuche, Artensterben oder *Klimakrise* bedeutet, ist dabei kein prinzipieller Unterschied, sondern nur einer des Anlasses. Es gibt eben nicht nur die aus der Umweltforschung bekannten »shifting baselines«, sondern auch »jumping baselines« – Grundlinien, Referenzwerte, die sich sprunghaft verändern und deshalb auch disruptive Reformen erzwingen. Im Gegensatz zu Rettungspaketen für Banken erfordern die Gesetze der Natur tatsächlich alternativlose Politik.

Zwar sind Artensterben und Ökokrise dringlich, dennoch wirkt das Erdsystem in einem anderen Tempo als ein Virus. Und so bliebe genügend Zeit für eine demokratische Gesellschaft, den Prozess zu organisieren, Vorschläge, Widerspruch und Streit zuzulassen, für den Austausch von Ideen und Gedanken zu sorgen – der Diskurs ist das Lebenselixier der Demokratie. Und die Öko-Debatte ist so diskursiv wie wenige andere.

Beruhigend: Im Vergleich zu den autoritären Maßnahmen, die zur Bekämpfung einer Pandemie nötig sind, greift eine starke Umweltpolitik nur sehr sanft in die individuellen Freiheitsrechte ein.

Schlussfolgerungen aus der Corona-Krise

Auch Seuchen sind Naturkatastrophen. Und fortschreitende Umweltzerstörung erhöht die Wahrscheinlichkeit ihres Auftretens. Das ist die erste Lehre, die wir aus der COVID-19-Pandemie ziehen können. Wenn wir die Natur in Ruhe lassen, dann ist sie weniger gefährlich.

Die zweite: Das Argument, Menschen könnten ihre sozialen

Normen und Werte, ihre Alltagsgewohnheiten, nur langsam verändern, ist widerlegt. Auch rasche Veränderungen sind mit breiter Zustimmung möglich.

Die dritte: Größtmögliche Transparenz und Ehrlichkeit erhöhen die gesellschaftliche Akzeptanz für radikale politische Entscheidungen. Sogar Beschränkungen der persönlichen Freiheit werden dann möglich. Transparenz ist also eine der wichtigsten Voraussetzungen für tiefgreifende Reformen.

Die vierte: Wenn Politik Erkenntnisse der Wissenschaft weder leugnet noch relativiert, erhöht das ihre Glaubwürdigkeit. Der politische Handlungsspielraum wird dadurch nicht kleiner, sondern größer.

Die fünfte: Im ökologischen Ausnahmezustand muss niemand sich vor Ausgangssperren, geschlossenen Grenzen oder demokratiefressenden Machthabern fürchten. Der Schutz der Umwelt bedroht unsere Freiheit nicht, im Gegenteil, er ist ihre Grundlage.

Die große Chance der Corona-Krise liegt in der Bereitschaft, wissenschaftliche Erkenntnisse als Handlungsrahmen zu akzeptieren. Gelingt es uns, diesen Respekt vor wissenschaftlichen Erkenntnissen zu erhalten, müssen wir in der Ökokrise nicht mehr über das Ob, sondern nur noch über das Wie streiten. Wenn wir uns nach Corona daran erinnern, wie schnell und tiefgreifend wir unsere Gesellschaft an die biologischen Notwendigkeiten anpassen konnten, dürfen wir daraus Mut für radikale Reformen schöpfen. Die Demokratie hat ihre Handlungsfähigkeit unter Beweis gestellt und die meisten von uns haben es auch. Nur eines dürfen wir auf keinen Fall: zurück in alte Gewohnheiten verfallen.

Der ökologische Ausnahmezustand

Naturkatastrophen können uns in vielerlei Form heimsuchen: als Viren, Stürme oder Feuersbrünste. Die Waffen, mit denen wir uns dagegen wehren, sind oft die gleichen.

Als Anfang 2020 in Australien die schlimmsten Buschbrände seit vielen Jahren wüteten, verkündete die Regierung des besonders betroffenen Bundesstaates New South Wales einen »State of Emergency«. Behörden und Staatsorgane durften plötzlich Dinge tun, die ihnen sonst streng verboten sind – und Bürger und Bürgerinnen mussten sich das gefallen lassen. Insbesondere die Bewegungsfreiheit und die Eigentumsrechte wurden durch die Erklärung des State of Emergency beschränkt. So konnte die Polizei die Benutzung von Autos verbieten, Straßen sperren und öffentliche Einrichtungen schließen. Die Feuerwehr durfte auch gegen den Willen der Eigentümer Privatbesitz benutzen, beschlagnahmen und zerstören. Die Behörden konnten bei angeordneten Evakuierungen Menschen gegen ihren Willen und sogar mit Gewalt dazu zwingen, ihr Zuhause, ihr Dorf oder eine ganze Region zu verlassen. Das waren, genau wie bei der Seuchenbekämpfung, sehr dramatische Einschränkungen der Freiheit, bis tief in die Grundrechte hinein. Aber es handelte sich eben auch um einen Ausnahmezustand.

Der ist im internationalen Recht ein anerkanntes Instrument im Katastrophenfall. Um Missbrauch auszuschließen, empfehlen die Vereinten Nationen, einen Kriterienkatalog anzuwenden. Demnach muss der Ausnahmezustand rechtsstaatlich legitimiert sein, öffentlich erklärt und bekannt gemacht werden. Er muss zeitlich begrenzt, die Bedrohung muss außergewöhnlich, die Maßnahmen sollen angemessen, nicht diskriminierend und zielführend sein und sich im Rahmen des internationalen Rechtes bewegen. Die Vereinten Nationen müssen informiert werden, und die Einhaltung der Kriterien sollte von ihnen überwacht werden, um die Freiheit sicher über Notlagen hinwegzuretten. Viele dieser Regeln hat zum Beispiel Victor Orbán beim Corona-Notstand nicht eingehalten.

Wenn Viren und Buschbrände einen Ausnahmezustand rechtfertigen, was ist dann mit einem der tödlichsten Probleme auf dem Planeten? Die NASA geht davon aus, dass heute neun von zehn Menschen verunreinigte Luft atmen müssen. Das führt zu mehr als acht Millionen vorzeitigen Todesfällen pro Jahr. Sind acht Millionen Tote genug für einen Ausnahmezustand?

Offenbar nicht.

Langsame, diffuse Gefahren lösen keine Abwehrreflexe aus, so viel wissen wir. Wir haben keine Sensoren für die Sorgen und Nöte der nachfolgenden Generationen. Die Bedrohung muss konkret oder plötzlich auftreten, sie muss uns direkt betreffen, damit wir handeln. Die Ökokrise produziert nicht so eindeutige Bilder wie das Corona-Virus oder die Buschbrände. Keine Gestalten mit Atemmasken in Outbreak-Anzügen, keine lodernden Flammen und verkohlten Koalas. Wir sehen die Oberfläche der Katastrophen, die vielfältigen Ursachen dahinter aber nicht.

Unsere begrenzte Imaginationskraft ist Teil des Problems. Ununterbrochen trickst unser Geist uns aus, wir tappen von einer psychologischen Falle in die nächste, machen uns selbst glauben, es werde mit der Natur schon nicht so schlimm kommen, und verschleppen deshalb Reformen. Der Autor David Wallace-Wells zählt in *Die unbewohnbare Erde* einige dieser Fallen auf:

Der *Ankereffekt* verführt uns dazu, eine Vorstellung von der Zukunft auf Grundlage weniger Beispiele zu konstruieren – und die heutige Welt, die uns als Vorlage dient, ist noch beruhigend freundlich.

Der *Zuschauereffekt* lässt uns annehmen, dass jemand anderes sich schon um das Problem kümmern wird – und wir deshalb nicht selbst handeln müssen.

Der *Mehrdeutigkeitseffekt* besagt, dass die meisten Leute so schlecht mit Unsicherheit umgehen können, dass sie das bekannte Übel einem unbekannten Gewinn vorziehen. Das sind Gruben, die wir uns selbst graben, um dann zielsicher hineinzufallen.

Die Abwehr elementarer Gefahren gehört zwar zur Instinktausstattung des Menschen, doch die funktioniert offenbar nur bei unmittelbar drohendem Ungemach wirklich gut. Ein Säbelzahntiger in der Schlafhöhle? Eine Virusepidemie? Ein Buschfeuer? Kein Problem, *Homo sapiens* reagiert, sucht und findet eine Lösung. Zukünftige und abstrakte Gefahren lassen uns hingegen kalt, konstatiert der Theologe Wolfgang Huber: »Das übersteigt nicht nur die Möglichkeiten einer instinktgesteuerten Reaktion, sondern auch die Kategorien der traditionellen Ethik.« Er fordert daher das Vorsorgeprinzip als Grundelement politischer Verantwortung. Auf dem Umweltgipfel von Rio 1992 wurde es ja auch tatsächlich von der Weltgemeinschaft verabschiedet.

Bislang ist das Vorsorgeprinzip meist nicht mehr als ein frommer Wunsch. Im täglichen Leben, in den aktuellen politischen Entscheidungen, scheren sich die wenigsten darum, was vor fast drei Jahrzehnten in Rio beschlossen wurde.

Politikerinnen, deren Leistung in Wahlperioden, und Manager, deren Performance in Quartalsberichten gemessen wird, haben kaum Möglichkeiten, Gesetze und Geschäftsmodelle durchzusetzen, deren Nachteile sofort spürbar, deren Nutzen aber erst in der Zukunft deutlich wird. Wer das Vorsorgeprinzip ernst nimmt und danach handelt, wird abgewählt oder gefeuert.

Regeln für das Irreguläre

Wie wir unser System analysieren können, um Hebel mit großer Veränderungskraft zu finden, haben wir am Beispiel von Donella Meadows' Theorie gezeigt. Die politischen Werkzeuge, mit denen wir schnell handlungsfähig werden, finden wir in der Praxis des Katastrophenmanagements.

In den vorangegangenen Kapiteln haben wir versucht darzulegen, warum das Artensterben und die Missachtung der planetaren Belastungsgrenzen unsere Freiheit, unseren Wohlstand, unsere Gesundheit und unsere Sicherheit gefährden. Eine Million bedrohte Arten, ungefähr 150 sterben jeden Tag aus, dazu der steigende Meeresspiegel und vergiftete Luft: Wir leben längst im Ausnahmezustand, die Katastrophe hat begonnen – und diese ist so groß, dass wir nicht erst reagieren können, wenn sie ihre ganze Kraft entfaltet hat.

Dieses eine Mal müssen wir das Vorsorgeprinzip wirklich anwenden, denn ein globales Massenaussterben lässt sich nicht reparieren. Und wirksame Vorsorge muss schnell und radikal umgesetzt werden. Dafür brauchen die Institutionen, die mit dem Schutz unserer Lebensgrundlagen betraut sind, mehr Macht.

Der Politik-Philosoph John Rawls fordert uns alle deshalb auf, »realistisch-utopische« Perspektiven zu entwickeln. Er meint damit, regelverändernde Urgewalten wie die Corona-Seuche oder das Artensterben gedanklich vorwegzunehmen. Das würde uns in die Lage versetzen, »die Grenzen dessen, was wir gewöhnlich für praktisch-politisch möglich halten, auszudehnen«. Wir müssen den gedanklichen Handlungsrahmen sprengen, um auch auf ungewohnte Herausforderungen reagieren zu können.

Die Erklärung des ökologischen Ausnahmezustandes bedeutet in diesem Sinne: Bei jeder Entscheidung müssen die Folgen für die Umwelt berücksichtigt werden, ihr Schutz hat immer Priorität. Der Staat setzt diese Priorisierung durch. So radikal es eben nötig ist.

Ein Vetorecht für die Natur

So etwas zu fordern, ist kein Utopismus, sondern notwendig. Wir brauchen einen neuen Realismus und neue Radikalität, um das zu korrigieren, was gerade so radikal falsch läuft. Realismus bedeutet eben nicht, möglichst wenig zu tun, sondern das Notwendige sofort zu erledigen. »Wer keine durchgreifenden, großen, visionären Lösungen will, der ist ein Fantast, weil er sich der Illusion hingibt, dem Extraordinären mit dem Konventionellen beikommen zu können«, schreibt Bernd Ulrich.

Ein Öko-Ausnahmezustand darf nicht von Dauer sein. Er funktioniert eher wie ein Turbo, der zugeschaltet wird, bis die Transformation der Gesellschaft Fahrt aufgenommen hat. Er tauscht nicht die Spieler aus, sondern gibt uns die Möglichkeit, die Spielregeln zu ändern. Der Öko-Ausnahmezustand ist eine Geisteshaltung, eine neue Achtsamkeit, eine neue Priorisierung und, wenn es sein muss, in Ausnahmefällen auch das, der staatlich verordnete Verzicht.

Die Reform des Paragrafen 26 der Geschäftsordnung der Bundesregierung wäre ein wenig spektakulärer, aber guter Anfang. Darin heißt es: »Beschließt die Bundesregierung in einer Frage von finanzieller Bedeutung gegen oder ohne die Stimme des Bundesministers der Finanzen, so kann dieser gegen den Beschluss ausdrücklich Widerspruch erheben.«

Will ein Verkehrsminister tausend Autobahnkilometer bauen, obwohl der Staat kein Geld hat, kann das Finanzministerium also nein sagen. Einer muss ja die Kasse im Blick behalten.

Will ein Verkehrsminister tausend Autobahnkilometer bauen, obwohl der Ausbau der Bahn dringender ist, muss auch das Umweltministerium nein sagen können.

Das ist keine Ökodiktatur, sondern ein Paradigmenwechsel, ein neues Ziel für unser Gesellschaftssystem, würde Donella Meadows sagen. Um das System darauf auszurichten, sollten wir solche Hebelpunkte suchen, an denen sich mit kleinem Aufwand große Wirkung erzielen lässt. Ein Vetorecht für das

Umweltressort in der Regierung könnte ein Hebel für weitreichende gesellschaftliche Veränderungen sein. Wie auch die Verankerung des Artenschutzes im Grundgesetz, die Abschaffung umweltschädlicher Subventionen oder die Internalisierung von Umweltkosten in der Industrie. Es gibt viele Stellschrauben im System. Ein ökologischer Ausnahmezustand, eng und klar definiert, wäre das Werkzeug, um an diesen Schrauben zu drehen.

Fast ein Happy End

Wenn Sie beim Lesen bis hierhin durchgehalten haben, sind Sie mutig. Und ziemlich leidensfähig. Wir haben in diesem Buch von Verlust und Niedergang, von Zerstörung, Ausweglosigkeit und Bedrohung erzählt, sogar vom Tod und vom möglichen Kollaps der Zivilisation. Wir erklären den Ausnahmezustand. Wir malen ein düsteres Bild vom Zustand der Erde. Sehen Sie uns das nach – die Welt ist leider so.

Aber was wir doch eigentlich brauchen, ist: Hoffnung.

Und eine Antwort auf die Frage: Wie können wir es schaffen?

Wir haben nach einer Antwort auf diese Frage gesucht, wirklich ernsthaft gesucht. Aber wir haben keine einfachen Lösungen für komplexe Probleme gefunden. Wahrscheinlich, weil es keine gibt.

»Optimismus ist Pflicht«, hat der Philosoph Karl Popper gesagt. »Man muss sich auf die Dinge konzentrieren, die gemacht werden sollen und für die man verantwortlich ist.«

Das hört sich vernünftig an. Nicht vom Untergang erzählen, sondern von neuen Zielen und den eigenen Möglichkeiten. Und sie nutzen. So wie Margaret Thatcher und Ronald Reagan, die unwahrscheinlichen Umweltschützer.

Öfter mal Fahrrad fahren, weniger Rindfleisch essen, sowas kann fast jeder von uns leisten. Und es ist gut, das zu tun. Doch weil persönliches Heldentum nicht ausreicht, sind in diesem Buch eine Reihe von neuen Ideen und Ansätzen skizziert. Einige klingen ungewöhnlich, wie die Idee, die Natur mit Rechten auszustatten. Oder der Vorschlag, die Politik ganz offiziell in den Ausnahmezustand zu versetzen, um ihr ökologische Tatkraft zu verleihen. Ein grüner Kapitalismus ist leichter vorstellbar, aber bislang auch nicht viel mehr als eine Idee.

Optimismus als Pflicht heißt, neue Wege auszuprobieren und sich nicht entmutigen zu lassen, wenn sich einer davon als Sackgasse erweisen sollte.

Wir stehen am Beginn des Anthropozäns. Das bedeutet: das Zeitalter des Menschen. Wir werden es gestalten. Niemand sonst. Und dafür brauchen wir eine positive Erzählung von der Zukunft, vielleicht sogar: Visionen. Und hat hier gerade jemand Utopie gesagt?

Wir brauchen Geschichten, die uns inspirieren und die zeigen, wie es gehen kann. Zum Glück gibt es viele davon. In den argentinischen Anden ernten indigene Bauern Vicuña-Wolle und schützen damit die bedrohte Lama-Art. Am Jordan betreiben Israelis und Palästinenser gemeinsam ein kleines Wasserprojekt. Im ägyptischen Roten Meer schwimmen Touristen mit Delfinen, ohne sie zu vertreiben. In Neuseeland kämpfen Initiativen gegen eingeschleppte Raubtiere. In Namibia schützen Bauern ihre Felder ohne Gewehre vor Elefanten. Melbourne setzt auf erneuerbare Energien. In Kamerun werden neue, das Land schonende Permakulturen erprobt, in Marokko entsteht das weltgrößte Solarkraftwerk und in Singapur baut man Häuser, auf denen Bäume wachsen. Überall auf der Welt probieren Menschen neue Ideen aus und gehen neue Wege. Genau das erfordert die Ökokrise: große Pläne und kleine Lösungen, Bewegung, Ausprobieren, die Kraft, auch Niederlagen zu ertragen, vor allem aber Mut.

Ein gutes Anthropozän, wie könnte das aussehen? Vielleicht wird es ein Zeitalter, in dem wir uns von anderen Werten leiten lassen als bisher. In dem wir unsere Rolle in der Natur völlig neu definieren. In dem wir Gesellschaften anders organisieren, um Nachhaltigkeit und Gleichberechtigung zu fördern. Vielleicht. Wie sowas geht? Das wissen wir auch nicht. Aber fangen wir doch einmal an, darüber nachzudenken. Versuchen wir, uns so ein Anthropozän wenigstens vorzustellen.

Die Menschen in der Zukunft werden sich von uns wahrscheinlich genauso fundamental unterscheiden, wie wir uns von den Bewohnern des Mittelalters. Damals waren die meisten Menschen Bauern. Das Weltbild war von Himmel, Hölle und einem Ständesystem geprägt, das jedem seinen festen Platz im Leben zuwies. Was heute Alltag ist, konnte sich damals niemand vorstellen. Dabei ist das gerade einmal zwanzig Generationen her.

Wenn wir uns das Zeitalter des Menschen als Umweltdystopie ausmalen, in der hustende Gestalten unter schwarzen Giftwolken durch zerstörte Landschaften wanken, wächst die

Gefahr, dass es auch so kommt, dass daraus eine sich selbst erfüllende Prophezeiung wird. Unsere Vorstellung von der Zukunft hat einen gewaltigen Einfluss auf das, was wir heute tun und was wir morgen sein werden. Wir können nur einem Weg folgen, den wir auch sehen können.

Stellen wir uns das Anthropozän doch als ein Zeitalter vor, in dem der Wind nach Wald riecht. In dem die Flüsse uns zum Schwimmen einladen. Und wenn wir morgens aus dem Haus gehen, singt eine Amsel.

Dank

In diesem Buch sind viele Gedanken versammelt, die sehr viel klügere Menschen schon vor uns gedacht, ausgesprochen, aufgeschrieben haben. In unserer Arbeit als Journalisten und Autoren haben wir im Laufe der Jahre mit vielen von ihnen persönlich gesprochen oder von ihnen gelesen. All das ist in dieses Buch eingeflossen. Manchmal haben wir sie sichtbar zitiert, manchmal haben wir uns explizit auf ihre Werke bezogen, manchmal hatten wir beim Schreiben auch nur ihre Arbeiten im Hinterkopf, teils sicher auch, ohne uns dessen immer bewusst zu sein. In jedem Fall sind wir all den Forscherinnen, Autoren, Publizistinnen, Aktivisten, Umweltschützerinnen, Wissenschaftlern und Institutionen von Herzen dankbar, deren Wissen hier mit eingeflossen ist, die unsere Thesen mit uns diskutiert haben oder die uns ganz direkt beraten haben. Ein paar davon möchten wir namentlich erwähnen:

Antje Boetius, Luise Tremel, Ortwin Pelc, Kathryn McElearney, Petra Pinzler, Bernd Ulrich, Andreas Sentker, Christoph Rosol, Neli Wagner, Bernd Scherer, Felix Ekardt, Volker Mosbrugger, Kai Vogelsang, Ingrid Steffens, Christoph Heinrich, Robert Grübner, Johannes Schmidt, Dominik Eulberg, Andrea

Wulf, Peter K. Haff, Frank Krogel, Herfried Münkler, Will Steffen, Karsten Dörfer, Elisabeth von Thadden, Marion Habekuß, Reinhard Habekuß.

Wir danken Julia Hoffmann für ihre Geduld und Britta Egetemeier für ihr Vertrauen. Anne Gerdes für den klugen Blick beim Erstellen der Grafiken.

Den Katzen Peewee und Patches für ihr inspirierendes Schnurren, dem Café Leonar für Koffein und Zucker, Mary Daval und Art Nomura für den Platz im Garten voller Monarchfalter in Los Angeles.

Selbstverständlich haben wir uns nach Kräften bemüht, Fehler zu vermeiden. Selbstverständlich werden uns dennoch einige unterlaufen sein. Bitte informieren Sie uns in diesem Fall unter folgender E-Mail-Adresse: UeberlebenBuch@gmail.com.

So können wir dazulernen und notwendige Korrekturen einarbeiten, sollte es weitere Auflagen geben.

Als wir damit begannen, unsere Kapitel Freunden und Expertinnen vor der Fertigstellung zur Diskussion zeigten, bekamen wir unterschiedliche Reaktionen. Einige fanden unsere Gedanken zu kompliziert, andere zu platt, einige zu theoretisch, andere zu direkt, einige hielten uns für neoliberal, andere für ökosozialistisch, einige für unentschlossen, andere für viel zu radikal. Und jede und jeder von Ihnen hat bestimmt ebenfalls eine eigene Meinung. Gut so, teilen Sie sie mit uns.

Denn der Austausch von Gedanken ist die Voraussetzung für Veränderungen – und darum geht es.

Wir freuen uns darauf, von Ihnen zu hören.

Literaturverzeichnis

Abram, David: *Becoming Animal. An Earthly Cosmology*, New York, Vintage, 2011

Bar-On, Yinon et al.: The biomass distribution on Earth, in: *PNAS*, 19. Juni 2018, 115 (25), S. 6506 – 6511; https://www.pnas.org/content/115/25/6506

Baseson et. al.: Agitated honeybees exhibit pessimistic cognitive biases, in: *Current Biology*, 21. Juni 2011, 21 (12): 1070 – 1073; https://www.ncbi.nlm.nih.gov/pmc/articles/PMC3158593/

Boston Consulting Group: Die Zukunft der deutschen Landwirtschaft sichern – Denkanstöße und Szenarien für ökologische, ökonomische und soziale Nachhaltigkeit; https://www.bcg.com/de-de/perspectives/234159

Boyd, David R.: *Die Natur und ihr Recht. Sie ist klug, sensibel, erfinderisch und genügt sich selbst*, übers. von Karoline Zawistowska, Wals, Ecowin, 2018

Burke, Marshall et al.: Climate and Conflict, in: *Annual Review of Economics*, 7, 2015, S. 577 – 617; https://www.annualreviews.org/doi/full/10.1146/annurev-economics-080614-115430

Cornwall, Warren, Global warming may boost economic inequality; https://www.sciencemag.org/news/2019/04/global-warming-may-boost-economic-inequality

Costanza, Robert, Graumlich, Lisa J. und Steffen, Will (Hrsg.): *Sustainabilty or Collapse? An Integrated History and Future of People on Earth, Dahlem Workshop Reports 96*, Cambridge, Mass., MIT Press, 2007

Crowther, T. W. et al.: Mapping tree density at a global scale, in: *Nature* 10. September 2015, 525, S. 201 – 205 ff.; https://www.nature.com/articles/nature14967?proof=trueIn

Curtis, Philipp G. et al.: Classifying drivers of global forest loss, in: *Science*, 14. September 2018, 361, 6407, S. 1108 – 1111; https://science.sciencemag.org/content/361/6407/1108

Darwin, Charles: Die Bildung der Ackererde durch die Thätigkeit der Würmer, übers. von Julius Victor Carus, Stuttgart, Schweizerbart, 1882

Dell'Agli, Daniele: Niemandsrechte mit Ewigkeitsklausel; https://www.perlentaucher.de/essay/der-klimaschutz-die-lobbyisten-und-die-idee-der-commons.html

Europäische Investitionsbank: Zweite Klimaumfrage der EIB; https://www.eib.org/de/surveys/2nd-citizen-survey/index.htm

Glaubrecht, Matthias: *Das Ende der Evolution. Der Mensch und die Vernichtung der Arten*, München, C. Bertelsmann, 2019

Hardin, Garret: The Tragedy of the Commons, in: *Science*, 13. Dezember 1968, 162, 3859, S. 1243–1248; https://science.sciencemag.org/content/162/3859/1243

Haskell, David: The Voices of Birds and the Language of Belonging; https://emergencemagazine.org/story/the-voices-of-birds-and-the-language-of-belonging/

Hervé, Vincent et al.: Multiparametric Analyses Reveal the pH-Dependence of Silicon Biomineralization in Diatoms, PLOS ONE, 29. Oktober 2012; https://journals.plos.org/plosone/article?id=10.1371/journal.pone.0046722

International Maritime Organization (IMO): Alien Invaders; http://www.imo.org/en/OurWork/Environment/BallastWaterManagement/Documents/LINK%2014.pdf

Jonas, Hans: *Das Prinzip Verantwortung. Versuch einer Ethik für die technologische Zivilisation*, Frankfurt am Main, Suhrkamp, 2003

Kellert, Stephen L., und Wilson, Edward O.: *The Biophilia Hypothesis*, Washington D. C., Island Press, 1993

Kelley, Colin P. et al.: Climate change in the Fertile Crescent and implications of the recent Syrian drought, in: *PNAS* 17. März 2015, 112 (11) 3241–3246; https://www.pnas.org/content/112/11/3241

Klein, Naomi: *Die Entscheidung. Kapitalismus vs. Klima*, übers. von Christa Prummer-Lehmair et al., Frankfurt am Main, Fischer TB, 2016

Latour, Bruno: Heimat. Was bedeutet sie heute?, in: *DIE ZEIT* 12, 2019.
– *Das terrestrische Manifest*, übers. von Bernd Schwibs, Berlin, Suhrkamp, 2018

Lovelock, James et al.: *Die Erde und ich*, illustr. von Jack Hudson, übers. von Sebastian Vogel, Köln, Taschen, 2016

McCarthy, Michael: *The Moth Snowstorm. Nature and Joy*, New York, New York Review Books, 2016; dt. Ausgabe *Faltergestöber*, übers. von Karen Nölle und Sabine Schulte, Berlin, Matthes & Seitz, 2020

McKibben, Bill: *Das Ende der Natur*, München, List, 1989

Meadows, Donella: *Thinking in Systems. A Primer*, White River Junction, VT, Chelsea Green Publishing, 2008, 145–165

Metzker, Juliane, und Fuchs, Benjamin: Du denkst, die Welt ist in Aufruhr? Du hast recht; https://perspective-daily.de/article/1100/n80xsEJH?utm_campaign=DE-magazine-20200215&utm_medium=newsletter-magazine&utm_source=blendle-editorial

Mosbrugger, Volker (Hrsg.) et al.: *Biologie und Ethik. Leben als Projekt. Ein Funkkolleg-Lesebuch mit Provokationen und Denkanstößen,* Frankfurt am Main, Senckenberg Gesellschaft, 2017

Patel, Raj, und Moore, Jason W.: *Entwertung – Eine Geschichte der Welt in sieben billigen Dingen,* übers. von Albrecht Schreiber, Berlin, Rowohlt, 2018

Rauner, Max: Akte Weltrettung, in: *ZEIT Wissen* 2, 2019; https://www.zeit.de/zeit-wissen/2019/02/umweltschutz-client-earth-ngo-klimawandel-rechtsanwaelte/komplettansicht

Rich, Nathaniel: Losing Earth. The Decade We Almost Stopped Climate Change; https://www.nytimes.com/interactive/2018/08/01/magazine/climate-change-losing-earth.html

Sneddon, Lynne U.: Pain in Aquatic Animals, in: *Journal of Experimental Biology* 2015 218: 967 – 976; https://jeb.biologists.org/content/218/7/967

Solnit, Rebecca: How to Survive a Disaster; https://lithub.com/rebecca-solnit-how-to-survive-a-disaster/

Stone, Christopher D.: Should Trees Have Standing? Toward Legal Rights for Natural Objects, in: *Southern California Law Review* 45, 1972, 450 – 501; https://iseethics.files.wordpress.com/2013/02/stone-christopher-d-should-trees-have-standing.pdf; erweiterte Ausgabe New York, Oxford University Press, 2010; dt. Ausgabe *Umwelt vor Gericht,* übers. und hrsg. von Hanfried Blume, München, Trickster-Verlag, 1992

Thatcher, Margaret: Speech to United Nations General Assembly (Global Environment) 8. November 1989; https://www.margaretthatcher.org/document/107817

Ulrich, Bernd: *Alles wird anders. Das Zeitalter der Ökologie,* Köln, Kiepenheuer & Witsch, 2019

UNEP/INTERPOL: The Rise of Environmental Crime. A Growing Threat to Natural Resources, Peace, Development and Security; https://wedocs.unep.org/bitstream/handle/20.500.11822/7662/-The_rise_of_environmental_crime_A_growing_threat_to_natural_resources_peace%2c_development_and_security-2016environmental_crimes.pdf.pdf?sequence=3&isAllowed=y

Wallace-Wells, David: *Die unbewohnbare Erde. Leben nach der Erderwärmung,* übers. von Elisabeth Schmalen, München, Ludwig, 2019

Weber, Andreas: Schläft ein Lied in allen Dingen, in: *DIE ZEIT,* 8, 2018

Williams, Florence: *The Nature Fix. Why Nature Makes Us Happier, Healthier, and More Creative,* New York, Norton, 2017

Wilson, Edward O.: *Die soziale Eroberung der Erde. Eine biologische Geschichte des Menschen,* übers. von Elsbeth Ranke, München, C. H. Beck, 2013

Wulf, Andrea: *Alexander von Humboldt und die Erfindung der Natur,* München, C. Bertelsmann, 2016

Ingrid und Dirk Steffens bitten um Ihre Unterstützung:

Die BIODIVERSITY FOUNDATION informiert über die Ursachen und Gefahren des globalen Artensterbens und unterstützt die Suche nach möglichen Gegenmaßnahmen.
Kern unserer Arbeit ist es, wissenschaftliche Erkenntnisse über die Entwicklung der Biodiversität möglichst vielen Menschen in möglichst verständlicher Form zugänglich zu machen.

www.biodiversity-foundation.com

Spendenkonto
BIC: HASPDEHHXXX
IBAN: DE 38 2005 0550 1002 2890 96